MERCOSUL: ATORES POLÍTICOS E GRUPOS DE INTERESSES BRASILEIROS

MERCOSUL: ATORES POLÍTICOS E GRUPOS DE INTERESSES BRASILEIROS

MARCELO FERNANDES DE OLIVEIRA

Editora UNESP

Direitos de publicação reservados à:
Fundação Editora da UNESP (FEU)
Praça da Sé, 108
01001-900 – São Paulo – SP
Tel.: (0xx11) 3242-7171
Fax: (0xx11) 3242-7172
Home page: www.editora.unesp.br
E-mail: feu@editora.unesp.br

Dados Internacionais de Catalogação na Publicação (CIP)
(Câmara Brasileira do Livro, SP, Brasil)

Oliveira, Marcelo Fernandes de
Mercosul: atores políticos e grupos de interesses brasileiros / Marcelo Fernandes de Oliveira. – São Paulo: Editora UNESP, 2003.

Bibliografia.
ISBN 85-7139-453-9

1. América Latina – Integração econômica 2. Economia mundial 3. Globalização 4. Mercosul 5. Mercosul – Política econômica 6. Relações econômicas internacionais I. Título.

03-1592 CDD-337.18

Índice para catálogo sistemático:
1. Mercosul: Integração econômica: América do Sul 337.18

Este livro é publicado pelo projeto *Edição de Textos de Docentes e Pós-Graduados da UNESP* – Pró-Reitoria de Pós-Graduação e Pesquisa da UNESP (PROPP) / Fundação Editora da UNESP (FEU)

Editora afiliada:

Asociación de Editoriales Universitárias de América Latina y el Caribe

Associação Brasileira das Editoras Universitárias

Aos meus pais

AGRADECIMENTOS

Aos meus pais, Maria e José, que, mesmo sem compreender a minha escolha por esse "bicho" chamado Ciências Sociais, deram-me total apoio para a concretização deste trabalho e de todos os meus objetivos na vida. Aos meus irmãos Márcio e Marcos, à minha cunhada Sônia, às minhas sobrinhas Thaís e Laís – duas pérolas –, e aos meus sobrinhos Gustavo e J. R. Aos "anjinhos de chifrinhos", Fábio e Pepeu – Pedro Henrique – , e à Hortência, por ser uma vencedora. A Vilma e Felipe. Ao Zé Miguel, o Brás Cubas da família. Por fim, a Aline, minha fonte inspiradora.

A todos os amigos que fiz na faculdade, com destaque a Américo, Neto, Felipe, Vinícius, Vera, Ana, Claudionor, Kester, Solange, Adalto, Valdomiro, Edna, Leonardo "Baixaria", Bóris, Fran, Marcos Alvarez, Marcos del Roio, Fátima Cabral, Giovanni Alves, Paulo Cunha, Patrícia, Edilene, Ricardo, Maly, Júlio, Claudete, Carlão, Daísa e muitos outros.

A todos os verdadeiros professores que participaram direta e indiretamente em minha formação.

À família Mariano: Marcelo, Karina e Marina. À Karina pelo apoio e exemplo. Ao Marcelo pelos comentários relevantes. À Marina pela sua doçura e encantadora rebeldia.

Aos funcionários da biblioteca, em particular Zilda, Kiko e Dona Nenê.

A todos os servidores técnicos acadêmicos, que cotidianamente garantem o bom funcionamento da Faculdade de Filosofia e Ciências.

À professora Maria Regina Soares de Lima, que também redigiu as orelhas desta obra, e ao professor Clodoaldo Bueno por terem aceitado, sem titubear, nosso convite para a leitura dos originais ainda em forma de dissertação de mestrado.

À Fapesp pelo apoio financeiro desde o início, sem o qual este livro certamente não teria sido elaborado.

E, sobretudo, pelo rigoroso e competente trabalho de orientação do Prof. Dr. Tullo Vigevani. Sua contribuição imprescindível à minha formação acadêmica e pessoal não há como ser contabilizada. Serei eternamente grato pelos anos de orientação e também por ter me permitido, na qualidade de aspirante à carreira acadêmica, exercer algo que me é extremamente caro: liberdade de pensamento.

SUMÁRIO

Introdução 11

1 O sistema internacional contemporâneo 21

A crise dos anos 70 21
Neoliberalismo (dimensão econômica e cultural) 25
A guerra fria e a periferia (dimensão política e militar) 31
Globalização financeira e reestruturação produtiva (dimensão econômica) 33
Valores universais e novos atores (dimensão social e cultural): a emergência de uma nova sociedade 46
O pós-11 de setembro e suas conseqüências 50

2 A constituição histórica do Mercosul 53

O Cone Sul latino-americano no início da década de 1980 53
Os momentos iniciais do Mercosul 57
Do desenvolvimentismo ao neoliberalismo 64
A necessidade histórica do Mercosul 67
O consenso em torno do aprofundamento do Mercosul: a assinatura do Protocolo de Ouro Preto 73

Incompatibilidades nacionais e primeiros sinais de crise no Mercosul 77
O aprofundamento da crise do Mercosul 81

3 Estrutura institucional e processo decisório no Mercosul 93

Estrutura institucional 94
A institucionalização da Comissão Parlamentar Conjunta do Mercosul 100
O processo decisório 106

4 A atuação dos atores políticos brasileiros no Mercosul 111

Conceito de partido político e sistema partidário brasileiro 113
A atuação dos partidos políticos brasileiros no Mercosul 131
A atuação dos parlamentares brasileiros na seção brasileira da Comissão Parlamentar Conjunta do Mercosul 149

5 Grupos de interesses e atores políticos: o contencioso Brasil-Argentina do açúcar 169

A emergência do problema 169
O Jogo de Dois Níveis e a distribuição de custos domésticos na formulação da política exterior 171
A gênese do problema 174
As razões argentinas 176
As razões brasileiras 180
A lógica da cooperação 183

Considerações finais 189

Referências bibliográficas 195

INTRODUÇÃO

Este livro está estruturado em cinco capítulos.

No primeiro capítulo, nosso objetivo será buscar compreender o sistema internacional contemporâneo caracterizado pela globalização multidimensional, examinando como as medidas adotadas pelos *policymakers* norte-americanos, em suas variadas facetas, articularam-se e desencadearam o movimento histórico de retomada da hegemonia dos Estados Unidos durante as duas últimas décadas do século XX. Para tanto, descreveremos e analisaremos como foram implementadas as medidas e desenvolvidos os processos concomitantes da globalização multidimensional que proporcionariam o surgimento dos novos atores e das novas realidades na ordem mundial.

Nesse sentido, nossa preocupação será demonstrar que os atores não-estatais, como as ONGs e as corporações transnacionais, atores políticos e grupos de interesses nacionais, regionais, internaonais e transnacionais adquiriram crescente relevância nos assuntos internacionais, pela facilidade encontrada para suas participações e intervenções no cenário mundial no fim do século XX, obrigando-nos a repensar o paradigma *westfaliano* dominante nos últimos três séculos nas relações internacionais.

Para tanto, dividimos o capítulo em cinco seções. Na primeira, discutiremos a implementação e os impactos das medidas neoliberais para o sistema internacional, as quais são consideradas tanto como dimensão econômica e política como cultural da globalização multidimensional. Na seção seguinte, discutiremos as implicações para o sistema do papel das dimensões política e estratégica militar como a retomada da guerra fria no início da década de 1980, bem como o redisciplinamento dos países periféricos da economia capitalista. Na terceira seção, demonstraremos a dimensão econômica da globalização multidimensional, sobretudo as articulações entre a globalização financeira e a reestruturação produtiva das corporações transnacionais, bem como suas implicações para o papel do Estado-nação. Na quarta seção, trataremos das dimensões social e cultural consubstanciadas no papel desempenhado pela emergência dos novos atores nas relações internacionais e do poder das idéias com suposto valor universal, tais como democracia e direitos humanos. E, por último, trataremos de demonstrar a recente retomada do Estado na condução dos assuntos internacionais determinada pela ação dos novos atores transnacionais no sistema internacional contemporâneo, sobretudo aqueles ligados ao terrorismo transnacional que provocaram os acontecimentos de 11 de setembro de 2001 em Nova York e Washington. Isso levou, provavelmente, à modificação da lógica das relações internacionais baseada nas esferas econômica e financeira as quais tinham como característica central a porosidade das fronteiras, o que parece estar sendo posto em questão neste momento com a mudança no perfil de gastos públicos, merecendo preocupação agora a canalização de gastos para a defesa e o policiamento constante. Enfim, o mundo pode estar dando as costas para os processos desencadeados nos últimos anos consubstanciados no conceito de globalização multidimensional para retomar a velha conhecida temática política e estratégico-militar característica das relações internacionais interestatais, situação que recoloca os processos de integração regional como fundamentais nas relações internacionais pós-11 de setembro de 2001.

Levando isso em consideração, no segundo capítulo buscamos demonstrar como ocorreu a constituição histórica do Mercosul. Sustentamos que a aproximação entre Brasil e Argentina, marcada pelos fatores do sistema internacional contemporâneo já indicados, teve início com a assinatura do acordo Itaipu-Corpus em 19 de outubro de 1979 entre os governos da Argentina, do Brasil e do

Paraguai, o qual acabou pondo fim às divergências sobre o aproveitamento hidrelétrico do Alto Paraná. Tal aproximação realmente avançou no quadro dos acordos da Aladi, a partir de 1980, com a assinatura do Tratado de Montevidéu, e acelerou-se mais ainda após a redemocratização de ambos os países nos anos de 1983 e 1985, respectivamente.

Isso contribuiu, em grande medida, para a assinatura da Declaração de Iguaçu (1985), seguida do Pice (1986), que, em suma, supunham a formulação de uma alternativa de desenvolvimento conjunto, por meio de um amplo programa de integração econômica entre os dois países na perspectiva do fortalecimento das economias nacionais, pela ampliação do mercado interno e pela possível associação entre empresas, elevando assim suas capacidades de produzir em escalas maiores.

Num segundo momento, essas ações facilitariam a abertura comercial ao mundo externo e a competitividade global, preservando ainda uma certa fronteira regional em relação ao espaço econômico mundial, bem como a articulação entre diversas outras esferas, como a científica, a tecnológica, a de segurança e a financeira, num amplo espectro de perspectivas de colaboração, que propiciariam, pelo menos idealmente, antes de mais nada, a reestruturação produtiva das empresas da região e, por conseguinte, tanto a retomada do desenvolvimento nacional quanto o sucesso da integração regional entre os países. Tudo isso pautado pelas transformações que ocorriam no sistema internacional.

Se internamente essa estratégia de retomada do desenvolvimento nacional autocentrado acabou fracassando, o inverso ocorreu no plano externo regional, onde ambos os países auferiram considerável incremento em suas relações econômicas, verificável no forte aumento de comércio bilateral e na cooperação proporcionada pelo novo relacionamento, ou seja, o Pice tornou-se uma iniciativa bem-sucedida.

Com o objetivo de maximizar ao longo do tempo esse sucesso inicial, os presidentes Alfonsín e Sarney optaram pela criação de uma estrutura permanente de negociações, a fim de consolidar tanto os benefícios já obtidos como outros a serem conquistados. Nessa perspectiva, em 29 de novembro de 1988 celebraram o Tratado de

Integração, Cooperação e Desenvolvimento, pelo qual os países expressaram o desejo de constituir, no prazo de dez anos, um espaço econômico comum, por meio da liberalização integral do intercâmbio recíproco, bem como levar à convergência entre as políticas macroeconômicas.

Nesse mesmo período, as medidas neoliberais eram comuns a ambos os países e consideradas necessárias e inevitáveis à retomada do desenvolvimento. As elites nacionais de cada um deles eram levadas a absorvê-las como ideário político e econômico, pois estavam interessadas nas promessas de reestruturação socioeconômica pela renegociação da dívida externa e pelos ajustes internos preconizados pelo Plano Baker, complementado mais tarde pelo Plano Brady. Esses planos enfatizavam a criação de condições propícias tanto à ampliação de um espaço de valorização do capital por outras regiões do planeta, visando contornar a crise internacional no centro do sistema, quanto à saída da estagnação sofrida na chamada "década perdida" na periferia latino-americana.

Na Argentina, as medidas neoliberais foram absorvidas mais cedo pelos governantes, já desde o governo Alfonsín, sendo intensificadas no governo Menem (a partir do fim da década); no Brasil, isso viria a ocorrer apenas mais tarde, com a ascensão de Collor de Mello ao poder em 1989.

Assim, iniciava-se uma nova forma de inserção de Argentina e Brasil no sistema internacional, baseada na aplicação dessas medidas neoliberais, as quais consistem em um programa de reformas liberalizantes caracterizado pela necessidade da abertura de suas economias nacionais, da desregulação dos seus mercados de capitais, de uma acelerada privatização do patrimônio público em benefício de poucos grupos econômicos locais associados a grandes oligopólios mundiais e bancos credores, criando as condições propícias para o sucesso de seus planos nacionais de estabilização antiinflacionários, baseados numa política cambial de *currency board*, sendo suas estratégias de cooperação regional cada vez mais utilizadas para a promoção deles, pelo menos no plano dos discursos.

Nessa direção, ambos os governos deram um novo e decisivo impulso à cooperação internacional ao decidirem redefinir a agenda existente até então, assinando, em 6 de julho de 1990, a Ata de

Buenos Aires, que fixou a data de 31 de dezembro de 1994 para a conformação definitiva do mercado comum entre os dois países, adiantando em cinco anos a constituição da união aduaneira entre eles.

A partir de então, os contornos do processo de integração regional passaram a ser definidos em uma ótica neoliberal tanto na esfera nacional como na regional. Com a gestação de uma nova crise mundial iniciada na Bolsa de Nova York em 1987, que se espalhou nos anos seguintes a toda a economia, iniciou-se o redirecionamento de consideráveis fluxos de investimento externo direto (IED) para os dois países, os quais visavam aproveitar o espaço regional estabelecido pelo aprofundamento da cooperação entre ambos os países, utilizando-o como "plataforma de expansão comercial ou circuitos auxiliares de valorização patrimonial e financeira – sobretudo via privatizações e pela elevação das taxas de juros internas ..." (Tavares & Melin, 1998, p.77).

Com o intuito de aproveitar esse contexto favorável para a atração de investimentos externos na região, ambos os governos promoveram o Mercosul, que foi constituído em 26 de março de 1991, pela assinatura do Tratado de Assunção, com a incorporação de Uruguai e Paraguai visando criar uma união aduaneira capaz de possibilitar uma situação estável nas economias nacionais, propiciando o aprofundamento das relações entre os membros. O Mercosul avançou em duas fases, marcadas por mudanças institucionais, sendo a primeira fase finalizada em 31 de dezembro de 1994 e a segunda iniciada em janeiro de 1995 e ainda não concluída.[1]

A primeira fase foi marcada pelo avanço espetacular no comércio intrabloco, o que proporcionou aos governos nacionais de cada país utilizar o sucesso do Mercosul para complementar os apoios recebidos de diversos atores políticos, econômicos e sociais à implementação das medidas neoliberais no plano nacional. Enquanto na Argentina essa era a tônica, cabe ressaltar que no Brasil tal estratégia sofreu um refluxo com o impedimento de Collor de Mello e a ascensão de Itamar Franco ao poder, sendo retomada apenas mais tarde com o Plano Real (1994) e consolidada com a

1 Com a crise argentina desencadeada a partir de 1999 a consolidação dessa segunda fase torna-se ainda mais difícil.

eleição de Fernando Henrique Cardoso para a Presidência do país. No momento parece estar refluindo novamente, pelo menos no plano do discurso, com a vitória de Lula nas eleições de outubro de 2002.

Ambos os governos entendiam a necessidade de se elaborar uma estrutura institucional mais adequada às novas questões suscitadas pelo avanço sem precedentes do Mercosul – notadamente no tocante à esfera comercial, consubstanciando-a no Protocolo de Ouro Preto em fins de 1994, que inaugurou a segunda fase do processo de integração. O conjunto da economia mundial, todavia, inaugurava um período turbulento com a crise mexicana, que foi contida graças à intervenção norte-americana, a qual não foi suficiente para evitar um contágio inicial de outras economias nacionais. Uma delas foi a Argentina, que não foi à bancarrota por causa da conjunção entre a promoção de privatizações de empresas públicas que ainda restavam, um empréstimo do FMI e a absorção de sua produção pelo Brasil. Este último – graças ao fato de estar reaplicando as medidas neoliberais, que entre outras coisas promoviam a abertura do seu mercado nacional aos produtos estrangeiros, situação que beneficiava ainda mais os países-membros do Mercosul – manteve o crescimento das trocas comerciais intrabloco pelo menos até o fim de 1998, com o conseqüente aprofundamento da integração regional.

A nova estrutura institucional estabelecida pelo Tratado de Ouro Preto, como veremos no terceiro capítulo, caracterizou o início da segunda fase do Mercosul em 1º de janeiro de 1995. Com ela pretendia-se incorporar, além dos novos problemas postos pelas questões comerciais, expressas na criação da Comissão de Comércio Exterior (CCE), também as questões políticas e sociais com o novo papel a ser desempenhado pela Comissão Parlamentar Conjunta e a criação do Fórum Consultivo Econômico-Social.

Isso poderia dar maiores possibilidades aos atores políticos e sociais para atuar no processo de integração, tendo em vista que os avanços alcançados nele tenderão a afetar de modo crescente o cotidiano das populações envolvidas, criando condições mais propícias para um maior interesse e mobilização em torno da questão da integração regional.

Apesar de a nova estrutura institucional ter sido criada com esse objetivo, ela não proporcionou que ele fosse efetivado, pois os órgãos em que esses interesses poderiam ser representados não possuem poder decisório. Os partidos e os parlamentares,[2] que poderiam atuar em seu âmbito e responder às demandas advindas da sociedade, acabaram desestimulados. Essa situação pode ser percebida quando analisamos, no quarto capítulo, a débil e praticamente nula atuação dos parlamentares brasileiros na Comissão Parlamentar Conjunta. Também quase não houve atuação dos brasileiros no momento em que grupos econômicos e sociais argentinos ligados aos interesses do setor açucareiro souberam se aproveitar, em 1997, do momento de incerteza no país provocado pelo período eleitoral para pressionar o governo a intervir negativamente no processo de integração.

Acreditamos, assim, que a forma estabelecida para a representação dos interesses públicos e privados das sociedades do Mercosul é tanto mais inadequada quanto maior é a profundidade desse processo, pelo fato de não propiciar canais eficazes para a representação dos interesses, facilitando disputas de difícil administração, principalmente em momentos de incertezas, seja uma disputa eleitoral, seja uma crise macroeconômica, seja ainda uma tensão ligada a interesses setoriais. Os grupos econômicos, sociais e políticos, públicos e privados, com interesses prejudicados no Mercosul procurarão, de uma forma ou de outra, buscar vantagens que amenizem suas perdas em detrimento de todo o processo de integração. É o que a análise sobre a questão do açúcar parece indicar.

Esse quadro de empecilho institucional à participação e à representação de interesses de grupos econômicos e sociais no Mercosul tende a agravar-se quando analisamos a atuação dos atores políticos no processo de integração, os quais não incorporaram ainda esse tema em suas agendas, não se constituindo assim como catalisadores de interesses e demandas econômicas e sociais presentes nas sociedades dos países-membros.

As persistentes dificuldades observadas no quarto capítulo na articulação de interesses no tocante às políticas de integração regional

2 Considerados como os atores políticos neste livro.

sugerem a necessidade de maior troca de informações e o aperfeiçoamento dos mecanismos decisórios já existentes, a fim de facilitar a acomodação das diferenças presentes nos âmbitos nacionais.

A curto e médio prazos faz-se necessário, portanto, criar mecanismos adequados que "garantam maior equilíbrio das informações, a regularidade do controle político *ex ante* e da prestação de contas *ex post* ao Congresso Nacional..." (Soares de Lima, 2000, p.297) no tocante à política externa brasileira de integração regional, como ocorre nos Estados Unidos por meio da aprovação ou não do *fast-track* (via rápida) pelo poder Executivo para a negociação de acordos internacionais como o Nafta e atualmente a criação da Alca. Certamente, cremos que, por meio desses mecanismos, aumentaria a participação e a influência dos atores políticos na construção do processo de integração regional, mas numa perspectiva ainda nacional.

Isso seria vantajoso para a integração, pois teria reflexos positivos na atual indiferença da maioria dos atores políticos brasileiros em relação ao Mercosul, os quais tenderiam a se preocupar mais com questões de política externa. Além disso, garantiria a democratização da política externa.

Somente essa configuração institucional poderia reforçar a lógica nacional, impossibilitando o avanço do processo integracionista. Logo, cremos também que seria necessário aumentar paulatinamente o papel dos parlamentares no processo decisório da integração regional, inclusive o próprio papel da Comissão Parlamentar Conjunta.

Assim, seria possível também a canalização dos interesses dispersos e em disputa no seio da sociedade em busca de meios que possam se afirmar no âmbito regional para o âmbito de uma estrutura institucional que poderia inclusive ser um Parlamento regional, como está propondo o governo Lula, estabelecendo assim um órgão legislativo supranacional que zele pelos interesses regionais, impondo sanções, caso necessárias, aos Estados nacionais, como ocorre na Europa, mantendo assim o equilíbrio entre a esfera nacional e a regional.

Nessa direção, a participação do setor privado torna necessárias medidas que possam favorecer a valorização dos espaços no

Mercosul – Subgrupos de Trabalho e Foro Consultivo Econômico-Social, bem como Comissão Parlamentar Conjunta –, estimulando e transferindo para a estrutura institucional os interesses que poderiam, nos âmbitos nacionais, prejudicar o processo de integração, o que efetivamente ocorreu mais acentuadamente no período 1999-2002 com a desvalorização do real e a profunda crise na Argentina.

Além disso, os atores políticos brasileiros certamente passariam a se interessar pelo processo de integração na medida em que se constituiriam em seu âmbito instituições regionais onde se poderia disputar poder político, que, segundo Weber (1974), é o principal papel desejado a ser desempenhado por eles em qualquer forma de associação. Isso garantiria legitimidade à política externa brasileira no Mercosul, ao possibilitar que esses atores políticos defendam as demandas dos grupos econômicos e sociais que eles representam, estabelecendo, dessa maneira, os tão virtuosos "canais de interação entre o Itamaraty e os diversos atores da vida nacional" (Lafer, 2001).

Nesse sentido, seria também possível a adoção de órgãos supranacionais no Mercosul no âmbito do Executivo e do Judiciário que, juntamente com o Legislativo, incorporassem uma visão regional de longo prazo e zelasse por esses interesses. É isso o que ocorre atualmente na Europa e, segundo Lula, o que se buscará estabelecer no Mercosul daqui para frente.

Do contrário, nossa análise aponta que, mantendo a situação da forma como ela se encontra, o Mercosul sempre estará em situação de incertezas, geradas tanto por uma disputa eleitoral quanto por uma crise macroeconômica – como verificaremos, respectivamente, nesta obra, no caso do açúcar e da crise Argentina nos últimos anos – ou ainda por uma tensão ligada a interesses setoriais, que constituem enormes dificuldades para o aprofundamento e a aceleração do processo de integração em direção ao mercado comum.[3] Isso pôde ser facilmente observado quando a crise da economia mundial atingiu, entre outros países, o Brasil, o qual no início de 1999 teve de desvalorizar a sua moeda, desencadeando um

3 Como aquelas que vêm ocorrendo nos setores têxtil, automotivo, de açúcar, trigo, carne de porco, iogurte, frango etc.

período de desgaste profundo em suas relações comerciais com a Argentina em razão das retaliações comerciais de ambas as partes e por causa da crise em que esse país se encontra desde 2000. Um exemplo nítido de incertezas relacionadas à disputa eleitoral e a interesses setoriais é a análise, no quinto capítulo, sobre a questão do açúcar.

Isso tudo, somado à atuação débil e praticamente nula dos atores políticos e dos parlamentares na incorporação ao processo de integração de temas relevantes aos interesses gerais e, especificamente, dos grupos econômicos e sociais brasileiros no Mercosul, que os apóiam nacionalmente, dificulta ainda mais a resolução das questões problemáticas em que o processo de integração regional esteve envolvido nos últimos anos, na medida em que não é realizada a tão necessária interligação virtuosa entre governo e sociedade civil no Mercosul (nem mesmo no âmbito nacional) em razão da falta de mecanismos adequados e da centralização da política externa no Ministério das Relações Exteriores.

1 O SISTEMA INTERNACIONAL CONTEMPORÂNEO

> Na realidade, as cidades da Idade Moderna ficaram privadas de sua liberdade, como ocorreu na Antigüidade, ao se instituir o domínio romano, sendo que agora ficaram sob o domínio de Estados nacionais competidores, que se encontravam em constante luta, pacífica ou guerreira, para conseguir a hegemonia. Esta luta ou competência criou as maiores possibilidades ao capitalismo do Ocidente moderno. O Estado isolado teve de concorrer para assegurar o capital, livre de movimentos, que lhe prescrevia as condições sob as quais podia prestar-lhe apoio para conseguir a condição burguesa nacional, a burguesia no sentido moderno da palavra. Portanto, é o Estado racional cerrado que assegura ao capitalismo as possibilidades de subsistência; enquanto não cede seu lugar a um império mundial, o capitalismo pode perdurar. (Weber, 1974)

> A governabilidade global ... está, assim, intimamente relacionada à institucionalização de uma nova subjetividade que aponta para uma subversão-desconstrução da vigente construção social da realidade. Atualmente a governabilidade não supõe nem integração, nem ordem; pelo contrário, supõe uma complexa variedade de atividades diferentes (e até contraditórias), cuja soma representa uma "ordem" turbulenta e desordenada. (Leis, 1998)

A CRISE DOS ANOS 70

Na década de 1970, o sistema internacional estava imerso numa profunda crise estrutural, tanto na esfera econômica quanto na política, caracterizada pela conjunção de diversos fatores. Apontamos como os mais importantes: o fim da conversibilidade dólar-ouro que, acompanhada pela liberalização dos movimentos de capitais e pela instabilidade das taxas de câmbio, levou ao fim dos acordos de Bretton Woods em 1973; a elevação do patamar inflacionário; a superprodução e a sobrecapacidade industrial (Brenner, 1998); o recrudescimento do conflito social e político na Europa, resultando um aumento real de salários seguido da regulamentação do trabalho (diminuição da jornada, melhores condições de trabalho, mais oferta de emprego etc.); a fragmentação da sociedade e do *establishment* norte-americano em decorrência da Guerra no Vietnã (Cruz, 2000); as duas crises do petróleo, em 1974 e 1979; o relativo aumento de poder econômico e político de alguns países da periferia; a crescente presença internacional da Alemanha e do Japão; e a expansão da força da URSS e da China após o desencadeamento da política de *détente* no governo Nixon.

Esses fatores tornaram improvável a manutenção da lógica de acumulação baseada no fordismo e no keynesianismo[1] predominante no pós-1945 no eixo capitalista do sistema bipolar sob hegemonia norte-americana, a qual estava também ameaçada pelos motivos assinalados, embora estes não tenham proporcionado a ascensão de nenhum outro país para ocupar o lugar dos Estados Unidos.

Nesse período, ficou nítida a ausência de uma estrutura estatal capaz de fundar e manter um sistema internacional. Essa situação, para Gilpin (1987, p.88) e confirmada pela experiência histórica, tornaria a cooperação econômica internacional extremamente difícil de ser alcançada ou mantida, tornando-se o conflito a norma do sistema internacional. Assim, a crise da década de 1970 tornou imprescindível o desencadeamento de novas estruturas, tanto na

1 A lógica do fordismo e do keynesianismo na economia era a de manter as demandas efetivas sempre elevadas, pelas políticas de pleno emprego com altos salários e direitos sociais ampliados. As empresas multinacionais tinham o papel de aumentar continuamente sua produtividade, por meio de economias de escala cada vez maiores, que necessitavam de altos investimentos em capitais fixos, além de uma constante renovação tecnológica, haja vista a necessidade da descoberta de novos produtos vendáveis no mercado.

economia como na política, para a manutenção da ordem mundial vigente até então baseada em um sistema de relações internacionais interestatal.

Naquele momento, acreditava-se ser necessária e urgente a emergência de um país estabilizador, capaz de criar hegemonia, concebendo e estabelecendo assim uma nova ordem mundial, com estruturas políticas e econômicas que solucionassem a crise e possibilitassem a retomada de crescimento da economia mundial em sua totalidade, sem abandonar a forma estrutural de funcionamento do sistema internacional interestatal.

Nessa perspectiva, os *policymakers* norte-americanos deram início à formulação de uma nova estratégia de recondução dos Estados Unidos ao seu papel hegemônico e estabilizador no sistema internacional, prontamente acompanhados pela Europa ocidental e pelo Japão, estratégia essa baseada na adoção de práticas econômicas, políticas e ideológicas com suposto valor universal, que se convencionou denominar medidas neoliberais: na globalização financeira; na reestruturação produtiva das grandes corporações transnacionais; na retomada da guerra fria; no redisciplinamento dos países periféricos capitalistas; na incorporação de idéias-base com suposto valor universal; e na integração regional como estratégia de política externa nacional para regular os fluxos econômicos, sociais e culturais emergentes, configurando assim uma nova realidade internacional denominada globalização multidimensional em razão de suas diversas dimensões: econômica, política, militar, cultural, social etc.

Entretanto, o desenvolvimento das diversas dimensões da globalização multidimensional e a articulação entre elas, ao mesmo tempo em que proporcionaram a retomada do papel hegemônico dos Estados Unidos no sistema internacional a partir da década de 1990, aumentaram também ainda mais o espaço para as atividades de novos atores, que já vinham ascendendo mundialmente, atuando na direção da busca pela constituição de uma sociedade internacional transnacionalizada.

Esse aumento relativo de importância provocou alterações no estabelecimento desse novo sistema internacional: o poder decisório já não poderia mais se centrar somente na figura do Estado, como planejado pelos *policymakers* norte-americanos no início dos anos 1980, pelo fato de se ter proporcionado àqueles atores uma ampla capacidade para que pudessem influenciar nos assuntos de relações internacionais, a ponto de, muitas vezes, imporem a países de menor poder e às organizações internacionais (FMI, Bird, G-8 etc.) seus anseios, vontades e necessidades. Porém, vale ressaltar, sem deslocar o Estado como ator preponderante *de jure* e *de facto* nas relações internacionais.

Com isso queremos dizer que as transformações na natureza e no funcionamento do sistema internacional contemporâneo resultante da globalização multidimensional colocaram amplos desafios a todos os atores nele inseridos, principalmente aos Estados nacionais que, por fim, passaram a desencadear diversos tipos de regionalismos, os quais surgiram, em um primeiro momento, como estratégias de política externa nacional para o enfrentamento da nova realidade internacional em emergência.

Nosso objetivo neste capítulo será buscar compreender esse sistema internacional contemporâneo caracterizado pela globalização multidimensional, examinando como as medidas adotadas pelos *policymakers* norte-americanos, em suas variadas facetas, articularam-se e desencadearam o movimento histórico de retomada da hegemonia dos Estados Unidos durante as duas últimas décadas do século XX. Para tanto, descreveremos e analisaremos como foram implementadas as medidas e desenvolvidos os processos concomitantes da globalização multidimensional que proporcionariam o surgimento dos novos atores e das novas realidades na ordem mundial.

Nesse sentido, nossa preocupação será demonstrar que os atores não estatais, como as ONGs e as corporações transnacionais, atores políticos e grupos de interesses nacionais, regionais, internacionais e transnacionais adquiriram crescente relevância nos assuntos internacionais, pela facilidade encontrada para suas participações e intervenções no cenário mundial no fim do século XX, obrigando-nos a repensar o paradigma *westfaliano* dominante nos últimos três séculos nas relações internacionais.

Para tanto, dividimos este capítulo em cinco seções. Na primeira, discutiremos a implementação e os impactos das medidas neoliberais para o sistema internacional, as quais são consideradas tanto como dimensão econômica e política como cultural da globalização multidimensional. Na seção seguinte, discutiremos as implicações para o sistema do papel das dimensões política e estratégica militar como a retomada da guerra fria no início da década de 1980, bem como o redisciplinamento dos países periféricos da economia capitalista. Na terceira seção, demonstraremos a dimensão econômica da globalização multidimensional, sobretudo as articulações entre a globalização financeira e a reestruturação produtiva das corporações transnacionais, bem como suas implicações para o papel do Estado-nação. Na quarta seção, trataremos das dimensões social e cultural consubstanciadas no papel desempenhado pela emergência dos novos atores nas relações internacionais e do poder das idéias com suposto valor universal, tais como democracia e direitos humanos.

E, por último, trataremos de demonstrar a recente retomada do Estado na condução dos assuntos internacionais determinada pela ação dos novos atores transnacionais no sistema internacional contemporâneo, sobretudo aqueles ligados ao terrorismo transnacional que provocaram os acontecimentos de 11 de setembro de 2001 em Nova York e Washington. Isso levou, provavelmente, à modificação da lógica das relações internacionais baseada nas esferas econômica e financeira, as quais tinham como característica central a porosidade das fronteiras, o que parece estar sendo posto em questão neste momento com a mudança no perfil de gastos públicos, merecendo preocupação agora a canalização de gastos para a defesa e o policiamento constante. Enfim, o mundo pode estar dando as costas para os processos desencadeados nos últimos anos consubstanciados no conceito de globalização multidimensional para retomar a velha conhecida temática política e estratégico-militar característica das relações internacionais interestatais.

NEOLIBERALISMO (DIMENSÃO ECONÔMICA E CULTURAL)

A emergência, no debate intelectual dos principais países do mundo ocidental, da necessidade de retomada pelo Estado da adoção de práticas econômicas, políticas e ideológicas liberais, que mais tarde seriam denominadas neoliberais, teve como marca central a exaltação da eficiência do mercado em contraposição à do Estado, uma vez que a intervenção estatal deturparia as formas de concorrência entre agentes livres no mercado e, por fim, provocaria uma má alocação dos limitados recursos disponíveis, reduzindo a riqueza geral.

Em suma, a partir dos anos 1980, moldou-se o consenso de que o setor público necessita ser reduzido ao mínimo porque ele não obedece, nem pode obedecer, à lei básica de competição por lucros e pela divisão do mercado, como vinha erroneamente atuando desde o pós-guerra pelas políticas keynesianas (Williamson, 1990, 1993).[2]

Emergiram daí as principais práticas econômicas, políticas e ideológicas com suposta aplicabilidade universal, tais como: a superioridade do livre-mercado; a auto-regulamentação do mercado; a generalização de políticas de liberalização; a desregulamentação e a privatização ao redor do mundo como fatores indispensáveis à competição entre nações, regiões, empresas e indivíduos; a liberdade, a igualdade etc., as quais possuem o significado abrangente de uma busca por mais mercado e menos Estado (Vernon, 1988; Biersteker, 1990).

Essas práticas emergiram no cenário econômico e político mundial quando Hayek e Fridman foram premiados com o Nobel de Economia de 1974 e de 1976, respectivamente, e seus "receituários" foram indicados e aplicados com "sucesso" pela primeira vez no Chile, após o golpe militar liderado pelo então general Augusto Pinochet.

Segundo Arrighi (1994), começavam a ser criadas as bases de uma nova "aliança memorável" entre o poder do Estado e o capital, ou seja, entre política e economia, que passou a ser dominante nos países centrais do sistema internacional nos anos 1980. Esse movimento era uma resposta à crise dos anos 1970, desencadeado originalmente pelos *policymakers* norte-americanos, juntamente

2 Essas idéias originaram-se, basicamente, a partir de quatro escolas principais: a escola de Chicago, a austríaca, a virginiana e a anarco-capitalista.

com os países centrais da economia mundial, e que conformaria, mais tarde, uma estratégia de longa duração de retomada de hegemonia[3] dos Estados Unidos no sistema internacional caracterizado pela globalização multidimensional.

No campo da economia, a frouxidão das políticas monetárias norte-americanas aplicadas durante o período da guerra fria cedeu lugar a um rigor sem precedentes, instaurado pela política econômica implementada por Volcker, presidente do Federal Reserve (FED), para manter o dólar como padrão monetário internacional. "A partir desta reviravolta, Volcker subiu violentamente a taxa de juros interna e declarou que o dólar manteria sua situação de padrão internacional e que a hegemonia da moeda americana seria restaurada" (Tavares & Fiori, 1998, p.33), ou seja, o papel dos Estados Unidos no sistema internacional nas últimas duas décadas do século XX seria recuperado.

Essa atitude aprofundou ainda mais a recessão que a economia mundial vinha sofrendo ao longo da década de 1970. Grandes empresas e alguns bancos norte-americanos foram à falência; vários países devedores da periferia capitalista também.

Paralelamente, os demais países capitalistas centrais foram induzidos também ao ajuste recessivo, sincronizando-se a essa nova política macroeconômica norte-americana, que se baseava na execução de políticas monetárias rígidas destinadas a derrubar a inflação por meio de juros nominais altos. Apesar de eficaz nessa tarefa (derrubar a inflação), isso diminuiu o crescimento do PIB da maioria deles, elevando substancialmente os déficits públicos: no caso europeu, a situação perdurou na maior parte da década de 1980, e no norte-americano agravou-se tanto pelos altos gastos militares do governo Reagan quanto pela política de valorização do dólar que conduziu a constantes saldos negativos em suas transações correntes, caracterizando os chamados déficits gêmeos (orçamentário e de comércio exterior).

---

3 Prefiro falar em liderança e não em hegemonia, haja vista a crescente dificuldade de implementação desta última em um sistema internacional caracterizado pela globalização multidimensional. Entretanto, mantive-me fiel ao autor citado.

Como resposta, os Estados Unidos promoveram a liberalização dos fluxos financeiros internacionais a partir do seu espaço nacional, o que possibilitou que o FED retomasse as rédeas do sistema bancário privado internacional, articulando-o em seu proveito[4] pela conjugação da retração do crédito bancário e da conseqüente reorientação dos recursos internacionais, que foram quase totalmente postos à disposição dos Estados Unidos.[5] "As flutuações da taxa de juros e de câmbio ficaram novamente amarradas ao dólar e através dela o movimento da liquidez internacional foi posto a serviço da política fiscal americana" (Tavares & Fiori, 1998, p.34). Para completar, numa tentativa de captar investimentos para restabelecer o equilíbrio do seu balanço de pagamentos, o governo norte-americano passou a lançar periodicamente no mercado internacional títulos públicos de sua dívida, que mais tarde constituiriam uma das dimensões da globalização multidimensional: a financeira.

Essa nova configuração na política macroeconômica norte-americana visava, principalmente, utilizar sua dívida pública interna e seu déficit fiscal como instrumentos para canalizar o movimento do capital bancário internacional para o seu mercado nacional. Ou seja, em vez de "corrigir" suas debilidades, os Estados Unidos as tornaram estrategicamente um fator de poder na medida em que seus títulos de dívida pública eram considerados pelos credores internacionais aplicações seguras e de alta rentabilidade para o excesso de seus recursos financeiros não aplicados na esfera produtiva. Enfim, os Estados Unidos tornavam-se os devedores do mundo, objetivando simultaneamente o equilíbrio de suas contas e recursos disponíveis tanto para a retomada da guerra fria quanto para a reestruturação produtiva das suas empresas.

A maioria dos países integrantes do sistema internacional sofreu perda relativa de soberania no manejo de suas próprias políticas macroeconômicas, graças ao fato de que a economia mundial, ainda mais estreitamente interligada à economia norte-americana,

4 A redução dos empréstimos internacionais aos países devedores, inclusive Argentina e Brasil, foi decorrência disso.

5 Foi por essa razão que o sistema bancário internacional passou a ser controlado pelo FED.

passou a depender desta para a sua recuperação e vice-versa. Nesse sentido, ampliava-se a necessidade do compartilhamento ideológico de valores, culturas (a dimensão cultural), medidas e, principalmente, políticas macroeconômicas que possibilitassem a transferência de abundantes fluxos de capitais aos Estados Unidos, para que eles pudessem emergir como potência hegemônica estabilizadora no sistema internacional, pois assim estaria garantida a possibilidade da retomada do desenvolvimento na economia mundial em benefício geral, como sustenta Gilpin (1987).

Inicialmente, houve resistência da maioria dos países a esse processo – exceto do Reino Unido –, porém ela foi aos poucos desmobilizada, conforme cada governo implantava as medidas neoliberais no plano nacional para resolver o problema da crise fiscal e do balanço de pagamentos, seguindo a trajetória norte-americana.

A assimilação das medidas neoliberais facilitou o processo de retomada da hegemonia norte-americana na economia mundial, pois ao praticarem as políticas monetárias e fiscais restritivas internamente, combinadas à obtenção de superávit comercial crescente com os países do então chamado Terceiro Mundo, esses países auxiliavam a amenizar a situação deficitária norte-americana importando seus produtos e exportando capitais.

Dessa maneira, a crise mundial era redistribuída desigualmente no sistema internacional, no qual os países em desenvolvimento, principalmente da América Latina, tanto absorviam a produção mundial quanto exportavam capitais aos Estados Unidos, pelo pagamento de juros de suas dívidas externas, que se multiplicaram em poucos anos. Tal situação não se sustentou por muito tempo, levando muitos países à moratória, a partir da mexicana em 1982, o que acabou desencadeando crises bancárias e cambiais ao redor do mundo.

Os bancos norte-americanos foram duramente atingidos por essas moratórias. Porém, o governo Reagan (1981-1984) desencadeou uma ampla política de proteção ao sistema bancário norte-americano, possibilitando seu ajuste e recomposição pela nacionalização dos prejuízos. Impôs também aos países latino-americanos a necessidade de uma onda de desvalorizações cambiais forçadas, objetivando a produção de "superávits comerciais [para] servir parcialmente o pagamento dos juros da dívida externa, como condição de sobrevivência dos grandes bancos americanos..." (Tavares & Melin, 1998, p.59). Tais medidas faziam parte do processo de redisciplinamento da periferia capitalista.

Foi assim, com todos os fluxos possíveis de capitais internacionais reorientados para o financiamento de seu déficit fiscal, que os *policymakers* norte-americanos pretendiam tanto o equilíbrio do seu balanço de pagamentos como, principalmente, proporcionar capital abundante para suas empresas promoverem suas reestruturações produtivas visando à retomada do crescimento nacional e, por conseguinte, da economia mundial. No primeiro caso, não obtiveram sucesso porque as velhas formas monetárias de equilíbrio dos balanços de pagamentos dos países já haviam sido ultrapassadas, mas no segundo caso o sucesso foi completo.

No campo da política, consolidou-se ainda a emergência no poder de Reagan (1981) nos Estados Unidos, e de Margaret Thatcher (1979) no Reino Unido, que estabeleceram mudanças qualitativas nas relações de força entre o capital e o Estado nos países centrais do sistema internacional, no início dos anos 1980.

O potencial de abrangência e divulgação das medidas neoliberais levou as forças conservadoras a considerar a crise dos anos 1970 como uma crise de governabilidade, acarretada pelos excessos da democracia de massas e pelos gastos públicos de caráter keynesiano. A saída, então, estaria na redução da participação democrática e do Estado nos processos decisórios, buscando reduzir o poder de pressão exercido por grupos políticos e econômicos sobre os *policymakers*.

Na esfera internacional, a crise foi atribuída à fragilização norte-americana perante o avanço da União Soviética nos países periféricos. Tudo indicava que se fazia necessário um "redisciplinamento do mundo do trabalho e das periferias mal comportadas" (Fiori, 1998, p.116), bem como imprimir novo conteúdo à democracia. Aos poucos, o novo consenso em torno das medidas neoliberais de equilíbrio macroeconômico, da competitividade global, da liberalização comercial e da eficácia empresarial e individual ditava as novas regras ao capital, que se via livre do controle estatal por meio da desregulamentação financeira bastante avançada já nesse momento e que, mais tarde, a partir de 1985, seria exacerbada.

A GUERRA FRIA E A PERIFERIA (DIMENSÃO POLÍTICA E MILITAR)

Acompanhando o raciocínio de Arrighi (1994), e segundo o exposto anteriormente, houve um ressurgimento da "escalada da luta interestatal" que ocorreu difusamente, mas que se concentrou nos dois eixos centrais da política externa formulada pelos *policymakers* da administração Reagan: a diplomacia do dólar forte, iniciada com Volcker em 1979, como vimos, e a retomada norte-americana da guerra fria, determinante tanto no "redisciplinamento" das periferias como na imposição da derrota à União Soviética em 1989.

A retomada da luta interestatal iniciou-se após a eleição de Reagan, que em uma das primeiras conferências à imprensa acusou a União Soviética de ser um império fora-da-lei, disposto a executar qualquer mal visando alcançar seus interesses. Em 1983, ele ratificou essa opinião denominando a URSS como o "Império do Mal". A partir desse momento, não era mais necessário apenas conter o inimigo, como preconizava a Doutrina Truman, mas derrotá-lo, destruindo seu ideário maléfico e impondo ao mundo novas idéias e valores de caráter democrático e liberal universal.

Nessa direção, Reagan deu início à denominada segunda guerra fria (Halliday, 1986), organizada em torno de quatro decisões estratégicas: apoiar as forças anticomunistas em todos os planos e lugares do mundo, inclusive Bin Laden no Afeganistão; instalar uma nova rede de mísseis MX de médio alcance, através do território europeu, a despeito da resistência dos pacifistas e da reticência de alguns governos; levar à frente o projeto científico-tecnológico militar "Guerra nas Estrelas"; e, finalmente, estabelecer uma aproximação efetiva com os chineses abrindo sua economia para o mundo capitalista.

Em um cenário de menor importância, do ponto de vista militar, os Estados Unidos completaram seu "redisciplinamento da periferia" alinhando-se ao lado da Inglaterra contra a Argentina na Guerra das Malvinas, bombardeando a Líbia e promovendo uma rentável guerra no Oriente Médio entre Irã e Iraque por meio da exportação de armas e produtos básicos. Além do já mencionado corte de empréstimos externos, no caso da América Latina, ao finalizar as experiências econômicas neoliberais no Chile, elas foram transformadas em modelo econômico para todos os países da região que, mais tarde, ficou conhecido como o Consenso de Washington.

Foi nesse cenário que os *policymakers* norte-americanos buscaram redesenhar o sistema internacional. Nele, além de impor uma derrota ao mundo comunista, imprimia-se ao capital financeiro um papel de destaque crescente, enquanto ao capital industrial eram garantidas todas as condições para sua retomada de lucratividade. A promoção das medidas neoliberais permitia, em grande medida, transferir para a iniciativa privada, a valores irrisórios, empresas estatais com elevado potencial para a acumulação e, concomitantemente, auxiliar no estabelecimento de um redisciplinamento tanto dos trabalhadores – com a flexibilização e a desregulamentação da legislação trabalhista – como dos países da periferia, que vinham de um período de tentativas de ensaiar um desenvolvimento capitalista autônomo. Possibilitava ainda o acesso a grandes montantes de capitais disponíveis internacionalmente para investimentos em novas tecnologias visando revolucionar o sistema produtivo como um todo e, por conseguinte, impulsionar todas as forças da globalização multidimensional.

Isso veio a ocorrer somente mais tarde na periferia do sistema, quando as idéias-base de democracia e de direitos humanos e as medidas neoliberais consideradas como valores universais avançam sobre o Leste Europeu e a América Latina. Com a adesão tardia do Brasil, a partir de 1991, completa-se o alinhamento em torno das políticas e reformas de desregulação, abertura e privatização das economias nacionais. A conseqüência foi o aumento dos investimentos externos diretos nessas regiões, permitindo-nos afirmar, guardadas as devidas proporções, que a partir do início da década de 1990 expandiu-se o espaço geográfico e econômico do fenômeno da globalização multidimensional, aumentando, concomitantemente e sobretudo, a convergência das políticas econômicas nacionais de tipo deflacionista (Chesnais, 1995).

GLOBALIZAÇÃO FINANCEIRA E REESTRUTURAÇÃO PRODUTIVA (DIMENSÃO ECONÔMICA)

O processo de globalização financeira da economia teve seu ponto de inflexão rumo à sua afirmação como tendência do sistema internacional durante meados da década de 1980 quando da desvalorização forçada do dólar, consentida pelos outros pólos de poder internacional, por meio dos acordos do Plaza (setembro de 1985) e do Louvre (fevereiro de 1987),[6] pelos quais se tornou evidente a coordenação das políticas macroeconômicas do G-7 sob o comando dos EUA visando à universalização das medidas neoliberais, sobretudo os processos de desregulação e liberalização dos mercados de capitais (Belluzzo, 1998).

O marco determinante dessa intensa desregulação e liberalização dos principais mercados de capitais do mundo iniciou-se pela City de Londres em 1985, mas caracterizou-se ainda mais com o denominado "*Big Bang*" ocorrido em 27 de outubro de 1986. Com ele, criou-se o cenário adequado tanto para a retomada das taxas de lucratividade das grandes corporações multinacionais quanto para a abertura ao desenvolvimento de novos instrumentos financeiros no mercado internacional, bem como para a generalização das operações de securitização, que tenderam a abranger, cada vez mais, a partir desse momento, "desde situações de endividamento externo de países periféricos até mercados de *commodities*, juros e câmbio, além de outras operações de risco" (Tavares & Melin, 1998, p.60).

Deu-se início a um movimento acelerado de constituição de um conjunto de novas formas de investimentos peculiarmente

6 Foi a partir desse momento que o banco central alemão assumiu a coordenação das políticas cambiais européias visando à ampliação do Sistema Monetário Europeu (SME) em direção de uma moeda única (Hirst & Thompson, 1998).

direcionados à valorização do capital sem a intermediação do processo produtivo, ou seja, surgiam os agentes que iriam impulsionar de uma vez por todas o processo de globalização financeira, uma das características centrais do sistema internacional contemporâneo.

Esses agentes são instituições financeiras que centralizam grandes montantes de capital-dinheiro e que, a partir desse momento, cresceram tanto em número como em tamanho e qualidade (Batista Júnior, 2000). Basicamente, são quatro os agentes principais:

- grandes fundos de pensão por capitalização e fundos de aposentadoria;
- fundos mútuos de investimento, que congregam poupança de particulares e realizam gestão de carteiras de títulos;
- grupos de seguros, principalmente os ligados a pensões privadas e aposentadorias complementares; e
- bancos multinacionais.

São esses operadores os principais beneficiários da globalização financeira em fins da década de 1980 e ao longo da de 1990. Seu sucesso se deve aos mecanismos criados pelos Estados e pelas grandes corporações que permitiram uma transferência maior de riquezas do setor produtivo para o mercado financeiro.

A outra face desse processo de globalização financeira, segundo Chesnais, está na atuação das grandes corporações em processo de transnacionalização que "bem como os 'mercados financeiros' ... erguem-se hoje como força independente todo-poderosa perante os Estados ... perante as empresas de menores dimensões e perante as classes e grupos sociais despossuídos, que arcam com o peso das 'exigências dos mercados' (financeiros)" (1996, p.239).

Isso foi possível porque as grandes corporações multinacionais puderam utilizar-se tanto da desregulamentação e liberalização dos mercados nacionais quanto da sua imbricação com essas novas instituições financeiras, o que lhes possibilitou auferir grandes montantes de capitais por meio do lançamento direto de suas ações no mercado financeiro mundial, ou pela tomada de empréstimos para suas operações internacionais de aquisições e fusões, visando reorganizar-se para restabelecer suas taxas anteriores de lucratividade, visto que a implementação das medidas neoliberais já havia proporcionado a flexibilização e a desregulamentação da legislação trabalhista, minando a reação das organizações sindicais.

Como parte dessa complexa reorganização de suas atuações, as corporações deram início a uma profunda reestruturação produtiva, baseada na idéia de uma "acumulação flexível", na qual "a mudança tecnológica, a automação, a busca de novas linhas de produto e nichos de mercado, a dispersão geográfica para zonas de controle do trabalho mais fácil, as fusões e medidas para acelerar o tempo de giro do capital passaram ao primeiro plano das estratégias corporativas de sobrevivência em condições gerais de deflação" (Harvey, 1999, p.139-40).

A reestruturação produtiva de suas bases conjugada com a possibilidade de dispor de grandes montantes de capitais por meio do lançamento de suas ações nos mercados internacionais via bolsas de valores levou as grandes corporações, em processo de transnacionalização, a atuar pautadas em uma nova lógica: deixam de reinvestir seus lucros, remetendo-os para a especulação em bolsas de valores e para as fusões e compras de empresas de menor porte, tanto privadas como públicas, dos países centrais e/ou periféricos.

Assim, como ressaltam Hoffmann & Hoffmann, "as produções internacionais na área de investimentos financeiros e da especulação conseguiram tornar-se relativamente independentes com relação às taxas de lucros da produção" (1998, p.8), levando a um maior desenvolvimento e aumento do investimento financeiro em detrimento do investimento produtivo. Ou seja, uma novidade do processo de globalização multidimensional é a internacionalização do dinheiro e do capital financeiro, que passam a ter valor em si mesmos, e cada vez menos como um meio de troca, circulação ou pagamento.

Essa nova lógica foi acompanhada e facilitada por outra grande novidade da globalização multidimensional: a rapidez das transações comerciais e dos deslocamentos de capitais. No tocante ao fluxo de informações e à comunicação – resultantes dos grandes avanços tecnológicos –, a novidade não está na velocidade, mas sim no barateamento de seus custos. A redução dos custos de comunicação permitiu a intensificação e a massificação de seu uso, enquanto o aumento da velocidade pode ser entendido como conseqüência de uma demanda, e não como causa desta (Keohane & Nye, 1989).

Logo, as especulações nas bolsas de valores – cada vez mais interligadas mundialmente graças a essas inovações tecnológicas –, acompanhadas pelas decisões dos principais governos do mundo em desregulamentar e liberalizar seus mercados nacionais um após outro como parte das medidas neoliberais, são exacerbadas e direcionadas não só aos papéis de instituições privadas, mas também aos de tesouros públicos dos países do mundo inteiro que, seguindo os EUA, lançaram seus papéis no mercado internacional como forma de captar investimentos externos.

Em decorrência, no aspecto interno, as grandes corporações passaram a organizar-se, segundo Chesnais (1995, 1996), na forma de grupos financeiros com características predominantemente industriais, distintas da maioria das outras empresas pela sua extensão, alcance mundial, formas de organização e, notadamente, pelo seu poder financeiro, que lhes permite inserir-se nesses mercados tanto para captar investimentos pela disponibilização de suas ações quanto para investir em títulos da dívida pública dos Estados e na aquisição de ações de outras empresas, ou, ainda, para estabelecer alianças entre diversos atores para a fusão com outras empresas.

Elas são administradas por meio de uma *holding* que conforma um conjunto amplo de atividades interdependentes e cujo objetivo determinante é expandir globalmente suas atividades em benefício da organização que constitui seu núcleo.

Surgem assim as chamadas empresas-redes que, segundo Chesnais (1996), são aquelas nas quais muitas das atividades foram "externalizadas", ou seja, descentralizadas, terceirizadas, e onde o grupo primordial da *holding* concentra-se na produção intelectual de novos projetos e produtos e na administração financeira, enquanto a fabricação ocorre em diversos locais do mundo, dividida em diversos parques produtivos.

O sentido dessas transformações indica que cada vez mais acirra-se o processo de centralização financeira e de concentração industrial do capital, tanto no plano nacional quanto no internacional, seguido de uma maior interpenetração entre os capitais de vários países, assim como tendem a criar, pelos investimentos e fusões-aquisições para além das fronteiras dos Estados nacionais, estruturas oligopolísticas transnacionais em vários ramos da atividade industrial e dos serviços (Chesnais, 1998). Tudo isso facilitado pelo desencadeamento de processos de integração regional pelo mundo (dimensão política).

É importante frisar que essa situação foi em grande medida beneficiada pelo predomínio do investimento externo direto (IED) em relação às trocas. Como confirmam Hirst & Thompson ao afirmarem que é "surpreendente o crescimento repentino do investimento externo direto em relação às exportações. ... Por exemplo, entre 1983 e 1990, os fluxos de investimento externo direto expandiram-se a uma taxa média anual de 34% comparada à taxa anual de 9% para o comércio global de mercadorias" (1998, p.92).

Os países periféricos estavam excluídos desse circuito, a ponto de aproximadamente "dois terços do mundo [estarem] virtualmente fora do mapa no que diz respeito aos benefícios a partir dessa forma de investimento" (ibidem, p.113). Contudo, essa marginalização de algumas regiões, como a América Latina, não se manteve por muito tempo, e a incorporação desses países no novo modo de funcionamento da economia mundial ocorreu, basicamente, a partir da segunda metade dos anos 1980, em decorrência das primeiras crises do novo padrão de desenvolvimento nos países centrais e de melhores condições oferecidas ao IED por essas regiões, que foram conquistadas em duas etapas.

A primeira, quando na Rodada Uruguai emergiu uma nova visão do comércio internacional, que passou a basear-se no livre-cambismo, forçando as economias nacionais a estar totalmente abertas ao livre-comércio mundial e aos fluxos de investimentos externos diretos. A segunda etapa ocorreu quando da renegociação das dívidas externas de cada um desses países, dentro da esfera do Plano Baker, mais tarde complementado pelo Plano Brady, sugeridos ambos pelos Estados Unidos.

Desse modo, ambas as etapas tinham como único objetivo facilitar a ampliação geográfica da globalização financeira e da reestruturação produtiva das corporações transnacionais resultantes do atual sistema internacional contemporâneo, no qual, segundo afirma Fiori (1998, p.121), "o FMI e o Bird assumem sua nova posição como intermediários entre o governo americano, a banca privada e os governos endividados e começam a especializar-se como instituições responsáveis pela administração coordenada das políticas econômicas do antigo Terceiro Mundo", que a partir de então ganha a denominação de "mercados emergentes".[7]

Em contrapartida, esses países deveriam adotar um "programa de políticas fiscais e monetárias associadas a um conjunto de reformas institucionais destinadas a desregular e abrir as velhas economias desenvolvimentistas, privatizando seus setores públicos e enganchando seus programas de estabilização na oferta abundante de capitais disponibilizados pela globalização financeira" (ibidem, p.121-2). Essas medidas rapidamente se legitimaram como necessárias e inevitáveis na orientação ideológica das elites nacionais de cada país, que tomaram o poder de seus respectivos Estados e alinharam-se automaticamente com as políticas norte-americanas, implementando um "populismo macroeconômico induzido pela pressão dos *rent-seeking* muito mais do que pelas pressões populares" (p.122).

A exportação das medidas neoliberais aos países periféricos ocorria impondo às empresas autônomas desses países três opções: tornar-se uma grande corporação e competir de igual para igual no oligopólio mundial, fundir-se com grandes corporações já consolidadas usufruindo parte dos lucros auferidos em seu espaço territorial e produzindo apenas alguns componentes de determinado produto, ou sucumbir durante esse processo.

Na verdade, propunham-se a transnacionalização e a subdivisão dos mercados nacionais da periferia, enquanto seus Estados deveriam manter políticas antiinflacionárias e garantias mínimas para o processo de acumulação, como uma democracia restringida, um valor também supostamente universal, satisfazendo ainda o furor dos especuladores internacionais contra suas moedas.

---

7 Em muitas ocasiões, o FMI impôs suas prerrogativas sobre a soberania nacional de países, inclusive o Brasil, como ocorreu em 1999.

O papel do Estado, então, tanto dos países centrais como dos periféricos do sistema internacional contemporâneo, passa a ser o de liberalizar e potencializar as forças mais dinâmicas da economia mundial contra qualquer entrave, principalmente institucionais. Parte das estratégias utilizadas nessa tarefa ocorre e ocorreu pela transferência dos bens públicos coletivos para a esfera privada, utilizando fartos subsídios estatais com esse objetivo.

Outra parte resulta da necessidade de se manter um clima interno absolutamente confiável para o desenvolvimento dos negócios, que funcionaria também para atrair capital financeiro e com ele a disponibilidade de crédito para o financiamento das atividades econômicas no âmbito do Estado, bem como para a captação de recursos necessários aos seus investimentos em infra-estrutura visando ao aprofundamento desse ciclo de desenvolvimento.

Para Fonseca Júnior (1999, p.70), "se a tecnologia facilita movimentos de unificação do espaço internacional, é verdade também que, distribuída desigualmente, cria novos padrões de diferenciação para o crescimento econômico das sociedades nacionais. O Estado que concentrar vantagens tecnológicas corre mais do que os que não as têm, determinando o risco de aprofundamento de diferenças, já dramáticas, entre os *have* e os *have not*". Em outras palavras, os países que estão fora da globalização multidimensional ou que somente participam dela de forma marginal têm dificuldade para utilizar a sua participação nesse processo como forma de impulsionar seu desenvolvimento econômico, e com isso melhorar seu posicionamento no sistema internacional.

Podemos tirar duas conclusões dessa observação:

a) apesar do fim da guerra fria e da hierarquização do sistema internacional, baseada na capacidade de poder de cada Estado, não houve alteração significativa entre os países centrais e aqueles que constituem a periferia desse sistema. Podemos dizer que surgiu um grupo intermediário, formado pelos países asiáticos e pela ex-União Soviética, que se distingue um pouco das duas primeiras categorias. No caso dos asiáticos, são nações cujas altas produtividades e tecnologia são semelhantes às do chamado Primeiro Mundo (apesar da crise financeira por que passam na atualidade), porém a qualidade de vida de seus cidadãos permanece relativamente precária, semelhante à dos países subdesenvolvidos. Já no caso da ex-União Soviética, a sua importância é mantida pelo peso estratégico que esses países possuem no âmbito militar, principalmente em razão de seu arsenal nuclear;

b) os países considerados periféricos no sistema internacional durante a guerra fria, principalmente por sua pouca importância estratégica naquele contexto, permanecem marginalizados dentro da nova lógica internacional baseada nos aspectos econômicos. Porém, não são os aspectos econômicos que acabam "excluindo" essas nações, mas sim os aspectos políticos e sociais. Em geral, pertencem a regiões com baixo desenvolvimento tecnológico, sistema educacional precário, baixa qualificação da mão-de-obra e, em alguns casos, ausência de um regime democrático e de respeito aos direitos humanos. Portanto, são Estados com maiores limitações para promover uma maior competitividade em seu sistema produtivo.

Entretanto, para romper tais limitações, os Estados lançam títulos de sua dívida pública no mercado financeiro internacional visando à captação de recursos, obtendo algum sucesso quando se submetem a receitas de estabilização ditadas pelas organizações internacionais, como o FMI e o Banco Mundial. Mas tornam-se alvos freqüentes desses mesmos recursos que tendem a desencadear ataques especulativos contra o câmbio das suas moedas nacionais em busca constante pela valorização do capital sem a intermediação da esfera produtiva, condição que deve também ser assegurada pelos novos Estados no sistema internacional contemporâneo.

Parecia assim que o mundo havia iniciado, a partir do fim da década de 1980, uma nova ordem política e econômica mundial hegemonizada pelos Estados Unidos, capaz de implementar um novo período de crescimento no mundo capitalista, visto que cada país tinha seu papel no sistema: o Japão era um exportador de investimentos externos diretos ao mundo, principalmente aos Estados Unidos; na Europa, em razão da coordenação das políticas deflacionistas que acabava por fortalecer as moedas de seus países alinhadas ao marco, ocorreria um incremento bastante considerável no comércio, impulsionando o processo de integração regional, embora com grandes prejuízos para a competitividade externa ao continente (Belluzzo, 1998); os países emergentes se interligavam ao mercado financeiro internacional.

A euforia criada por esse curto período de desenvolvimento (1984-1989) ampliou-se com a queda dos regimes comunistas da Europa central e com a derrubada do Muro de Berlim, pondo fim à divisão alemã e européia (Hobsbawm, 1995). O sistema internacional parecia estar reestruturado. A estratégia dos *policymakers* norte-americanos emergia como vencedora.

Entretanto, assim organizada, a economia mundial atravessou uma sucessão de crises no final da década de 1980, começando por aquela que atingiu a Bolsa de Nova York (1987) alcançando os mercados imobiliários (1989), crises que até então haviam sido de um modo ou de outro controladas.

Mas, quando se iniciaram os anos 1990 e com eles a crise da Bolsa de Tóquio, os EUA voltaram a adotar uma política econômica e monetária unilateral e flexível para manter o dólar desvalorizado perante o marco e o iene, marcando definitivamente o fim da coordenação pactuada das políticas macroeconômicas entre os países do G-7. Como resultado, os grandes bancos japoneses detentores da dívida pública norte-americana sofreram fortes perdas patrimoniais, obrigando o Japão a abdicar de vez de sua estratégia de desenvolvimento autônomo.

Verifica-se também uma aceleração ainda maior do crescimento e da financeirização dos mercados futuros de juros e de câmbio, com a saída dos fundos de pensão norte-americanos em direção aos "mercados emergentes". Na Europa, sucessivas bolhas especulativas e crises bancárias com distorções cambiais são direcionadas contra os diversos países (com exceção da Alemanha), independentemente do valor de suas moedas. Essa situação acabou culminando na crise do padrão monetário europeu em setembro de 1992, acelerando assim o processo de integração do continente pela assinatura do Tratado de Maastricht.

Paralelamente, a crise econômica que vinha se conformando, principalmente na Europa e no Japão, serviu para mostrar que os capitais financeiros especulativos não estavam livres de um efetivo e crescente risco intra-sistêmico, levando à elaboração e ao aperfeiçoamento de mecanismos de securitização de seus ativos, em que o dólar passa a desempenhar um papel fundamental, tornando-se referencial financeiro básico da economia mundial. Ele deixava de ser apenas uma moeda de reserva de valor como nos padrões monetários anteriores para se tornar um instrumento financeiro dos mercados globalizados. "Assim, a partir de 1992, com a desregulação cambial e financeira atingindo três continentes, o capital financeiro tem voado para todos os portos num jogo de cassino em que ganhadores e perdedores só têm contribuído para reforçar a posição financeira do dólar" (Tavares & Melin, 1998, p.63) e, conseqüentemente, a hegemonia dos Estados Unidos no sistema internacional contemporâneo reforçada após o breve período declinista sob o governo Bush (1989-1992).

O dólar passa a ser cada vez mais utilizado nas "operações plurimonetárias", cumprindo três funções primordiais ao capital internacional: provê liquidez instantânea em qualquer mercado; garante segurança nas operações de risco; e serve como unidade de conta da riqueza financeira virtual, presente e futura (ibidem, p.64), induzindo a economia internacional a movimentos especulativos constantes contra as moedas nacionais de todos os países, notadamente na década de 1990, por meio dos quais o fluxo de capitais especulativos em fuga direciona-se à economia norte-americana, alimentando assim a manutenção do seu ciclo de desenvolvimento.

Essa situação acaba garantindo os recursos necessários à manutenção do ciclo de desenvolvimento norte-americano, pois desempenha a função de transferir aos Estados Unidos os recursos financeiros necessários tanto para sustentar sua dívida pública e privada, interna e externa, quanto para realizar novos investimentos. De fato, é impressionante a situação de déficit da balança comercial, ao mesmo tempo financiada por um constante fluxo de capitais para os Estados Unidos, inclusive das economias estagnadas, como a japonesa.

Essa tendência mantém-se atualmente e se reforça graças à capacidade e independência do FED em manter e estabelecer o valor do dólar conforme a taxa de juros interna norte-americana, tornando-a referência básica do sistema financeiro internacional. Enquanto os EUA forem capazes de utilizar sua dívida pública como título de segurança máxima de todo o sistema, a situação será mantida, constituindo uma característica fundamental do sistema internacional contemporâneo.

Isso foi possível porque a estratégia concebida pelos *policymakers* norte-americanos baseia-se na sobrevalorização das outras moedas em relação ao dólar, por meio de reduzidas taxas de juros internas que acabam por remunerar menos o capital aplicado nos títulos públicos cotados em dólar, aparentemente enfraquecendo-o. Logo, se todas as transações comerciais e os preços praticados mundialmente estão denominados em dólar independentemente da paridade cambial vigente nos mercados nacionais, ele, então, passa a desempenhar o papel de moeda financeira em um sistema em que não há paridades cambiais fixas, ou seja, sem um padrão monetário rígido e definido. Daí sua função de segurança e de arbitragem no sistema monetário "financeirizado", bem como a independência do FED em conduzir a taxa de juros que incidirá sobre todas as atividades e lugares do mundo.

Daí também advém a coordenação com o dólar dos bancos centrais dos países mais relevantes do mundo sob o comando do FED e a contradição com as políticas nacionais de gasto fiscal, aumentando a fragilidade financeira de quase todos os governos na medida em que se faz necessária a emissão de títulos da dívida pública para lastrear os movimentos dos mercados monetários e cambiais.

O modelo de ajuste monetário dos balanços de pagamentos clássicos proposto pelo FMI se torna obsoleto, fazendo emergir o novo consenso de que a correção dos desequilíbrios nas contas externas seja alcançada por meio de ajustes fiscais, que, na maioria das vezes, são efetuados sobre os investimentos das áreas sociais.

Quando tais ajustes não são executados devidamente, cresce o temor entre os agentes financeiros internacionais da possibilidade de o país não cumprir com seus compromissos, deixando de remunerar os detentores de seus títulos públicos, desencadeando-se assim os surtos especulativos, que, como em um dominó, vão atingindo todas as economias do mundo, inclusive as mais fortes. Em contrapartida, o capital financeiro especulativo em fuga tende a alocar-se em economias seguras, principalmente na norte-americana.

Como resultado dessas ondas especulativas, as crises se sucedem freqüentemente nos anos 1990: México em 1994; Tailândia em 1997, e daí a vários outros países asiáticos, inclusive Japão; Rússia em 1998; Brasil na virada de 1998 para 1999; e, por último, a Argentina em 2000, 2001 e na virada para 2002.

O que mais impressiona é que esse "sistema dólar flexível" praticado pelo FED tem conseguido resistir e contornar, até aqui, as sucessivas crises verificadas: por meio delas se têm definido também as novas responsabilidades regionais de cada um dos três pólos da tríade, evidenciando as possíveis estruturações do sistema internacional contemporâneo. Seu sucesso nessa função se deve a uma "coordenação hegemônica informal" mantida com os banqueiros centrais quando da ocorrência de grandes crises cambiais e bancárias para o monitoramento da flutuação global do dólar perante as principais moedas internacionais, ao mesmo tempo amenizando os efeitos da crise sobre a economia mundial e consolidando a posição do dólar como moeda dominante nos mercados financeiros globalizados (Tavares & Melin, 1998).

Da mesma forma que na economia, os Estados Unidos têm conduzido suas ações em todo o mundo a partir dessa visão político-militar-estratégica. Talvez a imposição estratégica mais violenta tenha sido a aprovação do Helms-Burton Act, estabelecendo punições aos países e empresas estrangeiras cujos negócios com Cuba envolvam propriedades de cidadãos norte-americanos expropriadas pela Revolução de 1959. O teor dessa lei garante aos Estados Unidos a possibilidade de impor sanções a países e empresas de todo o mundo, tendo apenas como princípio suas leis e seus motivos nacionais. Configura-se uma tomada de decisões unilateral sem levar em consideração nenhuma outra variante. Segundo Fiori (1998, p.127), "desde 1991, o comportamento econômico, cultural e diplomático dos Estados Unidos frente ao mundo tem sido o de um país que não apenas acredita mas se comporta cada vez mais orientado por uma visão unipolar do mundo" que fora exacerbada no governo de G. W. Bush, visando à defesa dos interesses nacionais norte-americanos em suposta resposta ao início da recessão no país (Vigevani & Oliveira, 2001), exacerbando-se ainda mais após os trágicos acontecimentos de 11 de setembro de 2001.

Dessa forma, nos demais países constituintes do sistema internacional contemporâneo, a conjugação desses fatores representa perda de poder e de legitimidade dos governantes perante os seus cidadãos. Em contrapartida, os Estados Unidos buscam resguardar seus interesses nacionais pela proteção e promoção explícitas, por todos os meios, sobretudo pela integração regional com o lançamento da Alca, de todos os segmentos de sua economia produtiva e financeira, sem levar em consideração o que isso pode acarretar aos outros países.

Para manter essa situação inalterada, os Estados Unidos tendem a sustentar elevados gastos militares contra qualquer ameaça que possa vir da periferia (Bálcãs, Irã, Coréia do Norte, Afeganistão e/ou Iraque, como se observa recentemente) ou de potências decadentes, porém com perspectivas historicamente expansionistas, como nos casos da China e da Rússia, ou ainda das novas ameaças. A segunda opção parece ser mais provável, e o comportamento belicoso norte-americano visa manter sua segurança nacional por meio de uma política preventiva de contenção, com gastos bastante elevados em orçamentos militares para uma época de paz, os quais, simultaneamente, preocuparam aliados (como os europeus) e não-aliados (como China e Rússia) e acenderam o furor dos palestinos em Israel e terroristas islâmicos pelo mundo, tais como Bin Laden, acabando por resultar no já citado 11 de setembro de 2001.

Dessa maneira, tudo parece indicar que o sistema internacional contemporâneo emergente no fim do século XX resulta da promoção dos fenômenos da globalização financeira da economia, acompanhada da reestruturação produtiva das suas empresas que, conjugadas, conformam um oligopólio mundial em benefício próprio, articulado em grande medida em torno dos pólos de acumulação da chamada tríade capitalista – EUA, União Européia e Japão. Tendendo a se ampliar para todo o mundo na forma de especulações financeiras, o sistema conforma assim um processo de financeirização da economia extremamente prejudicial para a maioria dos países menos desenvolvidos, enquanto investimentos externos diretos lhes são canalizados apenas quando dispõem de atividades com elevado potencial para acumulação; por exemplo, empresas públicas privatizadas em decorrência da implantação das medidas neoliberais nos países "em desenvolvimento". Além disso, acende o furor dos povos islâmicos contra a atitude imperial unilateralista norte-americana no mundo exacerbada pela ascensão de G. W. Bush na Presidência dos Estados Unidos a partir de 2001 (Vigevani & Oliveira, 2001) que poderá selar o fim desse período e o início de um novo no qual o Estado tende a recuperar suas antigas funções debilitadas pela emergência da globalização multidimensional.

VALORES UNIVERSAIS E NOVOS ATORES (DIMENSÃO SOCIAL E CULTURAL): A EMERGÊNCIA DE UMA NOVA SOCIEDADE

Paralelamente a esse contexto mundial, promovido principalmente pelos Estados Unidos com o objetivo de retomar sua hegemonia nacional debilitada na década de 1970, o sistema internacional contemporâneo tende a emergir com uma natureza de novo tipo, a partir de então mais societal e menos nacional-estratégico-militar, como ocorria, pelo menos oficialmente até o fim da guerra fria, em 1989 (Keohane, 1989).

Desse modo, e cada vez mais, outras dimensões são incorporadas ao processo de tomada de decisões nas questões de relações internacionais, como economia, meio ambiente, explosão populacional e migrações internacionais, pondo em xeque o conceito clássico do Estado como único ator relevante no sistema internacional, mas sem ameaçar sua preponderância.

Essas "consciências críticas" buscam claramente participar das soluções políticas e técnicas, ainda sob domínio dos Estados nacionais, e que incidem sobre toda a sociedade internacional transnacionalizada, utilizando-se para isso, quando possível, das organizações internacionais, nas quais predomina um processo de tomada de decisões mais descentralizado, como na ONU e mesmo na integração regional.

Assim, embora o Estado mantenha-se como eixo principal de decisão sobre os temas globais, "o controle da agenda, a decisão e a administração daqueles já não são de exclusividade do Estado. Essas funções são diluídas e compartilhadas por planos transnacionais e supranacionais" (Villa, 1999, p.19) que podem ser tanto processos de integração regional como organizações internacionais ou ainda organizações não-governamentais, sejam elas ligadas ao ambientalismo, terrorismo ou a outras problemáticas.

Porém, permanecem no sistema internacional contemporâneo assimetrias e/ou hierarquias de atores, pois não há entre eles "homogeneidade quanto aos recursos e capacidades de que dispõem no processo de elaboração de decisões sobre os temas globais". E Villa (1998, p.19-20) completa afirmando que "nem de longe se pode comparar a capacidade de influência sobre opções governamentais políticas e técnicas de uma ONG de direitos humanos com uma multinacional das telecomunicações como a ITT".

Desse modo, a maioria desses novos atores não-estatais privilegia espaços descentralizados e policêntricos de debates, onde existem possibilidades de atuar na formulação de agendas de trabalho sobre os temas globais ou ainda na clandestinidade, como é o caso do terrorismo. O fórum da ONU, como ressaltamos anteriormente, emerge como um desses espaços, principalmente por meio de alguns mecanismos institucionais de que dispõe, como o Programa Ambiental das Nações Unidas para o Meio Ambiente (Pnuma) e o Conselho Econômico e Social (Ecosol), e ações como as ocorridas em 11 de setembro de 2001 nos Estados Unidos comprovam a atuação clandestina dos grupos terroristas pelo mundo.

No primeiro caso, segundo Vigevani (1999), a partir desses espaços a agenda de trabalho sobre temas globais vem se concretizando pela realização de grandes conferências, como a Conferência sobre Meio Ambiente e Desenvolvimento (ECO-92), a Conferência Mundial sobre Direitos Humanos e a Conferência do Cairo sobre População. Verifica-se que, nesses casos, a natureza dos temas em pauta não é militar, mas societal, o que tende a facilitar a autonomia de ação dos atores não-governamentais em relação aos Estados.

Os métodos específicos de sua atuação diferem daqueles utilizados pela maioria dos outros atores, estatais ou não estatais, identificados com as questões de economia mundial, pois os grupos apostam no seu poder de influência, que se legitima por meio de ações implementadas mundialmente em busca de um consenso transnacional em torno do objetivo em pauta, de forma a gerar diferentes demandas (*inputs*) ao sistema estatal.

Esse modo de atuação assemelha-se ao processo anteriormente descrito de assimilação das medidas neoliberais em âmbito mundial. Ambos podem ser explicados pela teoria construtivista nas relações internacionais, que pressupõe que agentes (atores e indivíduos) e estruturas (sistema internacional, Estado e instituições) são mutuamente constituídos, ou seja, os agentes simultaneamente condicionam e são condicionados pela estrutura (Wendt, 1994; Adler, 1997; Checkel, 1998). Além disso, ela sustenta também que "identidades e estruturas sociais são construídas por meio de uma gama de processos: socialização, mediação, aprendizado e por sistemas de recrutamento" (Oliveira, 2000, p.7). E é essa interatividade entre atores e estruturas que conduz à criação da identidade de elites[8] tanto nos níveis nacional como internacional ou ainda transnacional/regional.

Da mesma forma que é possível construir identidades culturais de elites, elas também podem ser criadas entre os agentes na sociedade transnacional, embora por meio de um processo bastante mais complexo. Porém, ultrapassada essa barreira, esses agentes – que não são elites – podem criar demandas a serem atendidas pelas autoridades estatais de sua jurisdição, formando assim uma rede de consenso nos níveis local, nacional e regional que, unificada, pode incrementar "climas de opinião mundial" favoráveis aos fins humanitários defendidos pelas ONGs ou ainda de destruição do outro, como no caso do terrorismo, na medida em que eles atingem individualmente a todos. Daí a importância do ambientalismo e o fator desestabilizador do terrorismo na construção do sistema internacional contemporâneo.

Caso os governos dos Estados nacionais respondam favoravelmente às demandas internas de seus cidadãos, geradas, num primeiro momento, pela ação desses atores não-estatais sobre temas glo-

---

8 Conjunto de pessoas que compartilham um sistema de crenças comuns e altamente estruturado.

bais identificados com o interesse coletivo da humanidade, criam-se tanto em seu âmbito quanto mundialmente consensos políticos e sociais em torno do objetivo a ser alcançado. Na medida em que isso ocorre, a extensão do consenso para outros países torna-se mais fácil de ser executada, como no caso na assimilação das medidas neoliberais, pois, além do "clima de opinião pública mundial", haveria um exemplo a ser seguido. Em certos casos, isso é de fundamental importância, como no que se refere às tentativas de eliminação de testes nucleares realizados por alguns países, que acabaram reforçando a adesão de muitos outros ao Tratado de Não-Proliferação de Armas Nucleares ou ainda no apoio obtido por Bin Laden de grupos islâmicos localizados fora das fronteiras do Afeganistão.

Salientamos aqui que essa mesma estratégia pode também ser utilizada para a defesa e a implementação, por parte dos atores não-governamentais, dos rumos a serem seguidos pelos processos de integração regional.

Diante desses fatos, pode-se afirmar que a natureza do sistema internacional contemporâneo possibilita o surgimento de uma sociedade internacional transnacionalizada, na qual outros atores, que não governos ou burguesia, se utilizam dos meios criados por estes com o objetivo de elevar a um novo patamar a materialidade do processo de acumulação do capital em benefício próprio, para a formação de demandas internas a cada governo, tanto nos níveis micro quanto macro. Essas demandas se desdobram em "climas de opinião pública mundial" em defesa de interesses da "humanidade" em contraposição aos dos agentes do capitalismo mundial e, em alguns casos, conseguem impor-se quando são capazes de estabelecer um sistema de crenças comuns e altamente estruturado. Vide o exemplo do Fórum Social Mundial de Porto Alegre nas suas duas edições.

Enfim, cabe-nos ressaltar aqui que, nesse sistema internacional contemporâneo no qual não se supõe ordem ou integração, mas "uma complexa variedade de atividades diferentes (e até contraditórias), cuja soma representa uma 'ordem' turbulenta e desordenada" (Leis, 1998, p.375), observa-se freqüentemente, por parte dos Estados nacionais, a proposição do "ressurgimento do regionalismo na política mundial" (Hurrell, 1995, p.23).

Nessa direção, como já salientamos, os processos de integração regional representam estratégias escolhidas pelos Estados nacionais ante o complexo e desordenado sistema internacional que acabamos de examinar com a finalidade primeira de estabelecer governança[9] regional perante a globalização multidimensional.

O PÓS-11 DE SETEMBRO E SUAS CONSEQÜÊNCIAS

A tendência descrita anteriormente sobre o regionalismo perante a globalização multidimensional que já estava se confirmando nas últimas décadas, graças à multiplicação de blocos regionais no mundo, poderá a partir dos atentados terroristas em Nova York e Washington em 11 de setembro de 2001 se reforçar ainda mais pois esses acontecimentos trágicos tiveram um duplo papel.

Primeiro, o de tornar evidente que a lógica do sistema internacional contemporâneo, baseada nas esferas econômica e financeira, que supostamente conduzia à benéfica e crescente permeabilidade das fronteiras dos Estados também possui seu lado negativo ao proporcionar condições adequadas aos atores não-estatais para impor altos custos tanto à economia mundial quanto às populações civis, como respectivamente evidenciaram as manifestações em Genebra e os atentados terroristas. Isso se tornou possível graças ao fato de os atores não-estatais terem tomado consciência da possibilidade de utilização das novas tecnologias a favor dos seus interesses.

---

9 Segundo Rosenau (2000, p.15-6), "governança refere-se a atividades apoiadas em objetivos comuns, que podem ou não derivar de responsabilidades legais e formalmente prescritas e não dependem, necessariamente, do poder de polícia para que sejam aceitas e vençam resistências. Em outras palavras, governança é um fenômeno mais amplo do que governo; abrange as instituições governamentais, mas implica também mecanismos informais, de caráter não-governamental, que façam com que as pessoas e as organizações dentro da sua área de atuação tenham uma conduta determinada, satisfaçam suas necessidades e respondam às suas demandas".

E, segundo, por indicar a necessidade de medidas regulatórias globais que possam amenizar tanto os problemas causados pela forma de funcionamento da economia global na atualidade como dificultar a livre ação de atores maléficos no sistema internacional como um todo.

Nesse sentido, a integração regional parece se fortalecer como uma possível solução, na medida em que pode proporcionar soluções regionais minilaterais para ambas as questões, as quais mais tarde podem ser multilateralizadas a partir das instituições apropriadas para isso, como no caso do comércio, a OMC.

No caso da economia, as evidências são claras. A maioria dos países está desencadeando simultaneamente uma corrida protecionista que tende a minar os pilares do comércio internacional multilateral, afirmando a tendência manifestada anteriormente pelos sucessivos fracassos de lançamento de uma rodada do milênio.

Mas, ao mesmo tempo, criam-se novas estratégias de ampliação política dos regionalismos emergentes, como a Alca para os Estados Unidos, a incorporação dos países do Leste Europeu pela União Européia e as sucessivas tentativas de aprofundamento do Mercosul no Cone Sul latino-americano, assim como uma busca crescente de estabelecer zonas de livre-comércio entre regiões hemisféricas como União Européia e Mercosul, para ficar apenas com exemplos do Ocidente.

Com essa movimentação, esses países parecem pretender, em primeiro lugar, reforçarem-se e protegerem-se das novas ameaças potencializadas pela globalização multidimensional, visando acumular poder econômico e militar em suas respectivas regiões para, em seguida, multilateralizar suas regras projetando poder político para todo o sistema internacional contemporâneo.

Vale a pena lembrar, entretanto, que estamos atravessando um período histórico das relações internacionais caracterizado por inúmeras e renovadas formas de contingências prenhas de um novo mundo, no qual, muito provavelmente, o mercado e sua ideologia – o neoliberalismo – parecem perder força. O que representa bem isso atualmente é o mini-*crash* internacional capitaneado pelo mercado financeiro e as novas empresas atreladas à intensa virtualidade, bem como os escândalos de fraudes em grandes corporações norte-americanas em 2002.

Em resposta a esse momento, parece estar em gestação um novo discurso desenvolvimentista que favoreceria as corporações transnacionais que se mantiveram atreladas ao setor produtivo, tendo à sua disposição os espaços regionais para sua ampliação.

Nessa perspectiva, no próximo capítulo iremos demonstrar a emergência histórica do Mercosul perante o sistema internacional contemporâneo, buscando sempre evidenciar o pano de fundo histórico que nos possibilitará tratar da participação dos atores políticos e dos grupos de interesses brasileiros em assuntos de política externa, especificamente no Mercosul.

2 A CONSTITUIÇÃO HISTÓRICA DO MERCOSUL

> os responsáveis pela condução das políticas na Argentina e no Brasil ... [perceberam] que o cultivo de ambigüidades de qualquer natureza não servia aos seus reais interesses, [sendo então] possível fazer uma mudança de signo de todos os aspectos da relação, mesmo os mais delicados, colocando sob a ótica da convergência e da soma de esforços tudo o que aparecia antes na linguagem do jogo de soma zero. (Lafer, 1997, p.390)

> parece ser inquestionável a necessidade de construir um poder comum, depositário dos interesses dos países-membros, que possa fornecer a indispensável continuidade ao processo integracionista e à legitimidade da representação popular. Caso não se construa esse poder comum ... o processo estará entregue às mãos dos Estados-membros e da exclusiva vontade dos governos que sucederem, sem a devida representação popular. (Seitenfus, 1992)

> [A crise do Mercosul só poderá ser resolvida por] uma forte liderança política coletiva, com imaginação técnica e participação criativa da sociedade civil. (Peña, 2001, p.22)

O CONE SUL LATINO-AMERICANO NO INÍCIO DA DÉCADA DE 1980

O desencadeamento dos processos de globalização financeira e de reestruturação produtiva no início da década de 1980 nos países centrais da economia mundial, bem como o aprofundamento da integração regional européia, foi acompanhado de uma estratégia de contenção do poder econômico e político em ascendência durante a década de 1970 dos países periféricos, particularmente aqueles do Cone Sul latino-americano. Tal estratégia pautou-se, entre outras medidas, em choques externos sobre as economias nacionais, os quais impuseram sérias restrições à manutenção do desenvolvimento econômico e social pautado nas políticas de substituição de importações praticadas pela maioria deles desde o pós-1945.

Basicamente, esses choques externos foram de demanda, de taxas de juros, de oferta de capital e, conseqüentemente, nos termos de trocas, caracterizando um contexto que se convencionou denominar como o de esgotamento da estratégia de desenvolvimento autocentrado baseado na política de substituição de importações.

O choque de demanda se deveu, principalmente, ao fato de os países da Organização para a Cooperação e o Desenvolvimento Econômico (OCDE) estarem atravessando um período crítico caracterizado pela "estagflação" – crise fiscal do Estado, governabilidade, superprodução e sobrecapacidade industriais etc. –, como vimos anteriormente, que seria mantido e exacerbado com as políticas cambiais e monetárias contracionistas promovidas pelo FED a partir de 1979 até pelo menos metade da década de 1980. Isso causava um refluxo na capacidade de importar desses países, o que, por sua vez, incidia sobre a demanda internacional pelos produtos de exportação dos países do Cone Sul latino-americano.

Entre as estratégias utilizadas pelos países da OCDE para amenizar suas crises, uma delas foi elevar abruptamente as taxas de juros internacionais sobre os serviços das dívidas externas, o que lhes garantia a transferência de grandes montantes em capital pelas economias dos países do Cone Sul latino-americano, as quais, em grande medida graças a isso, se viam estranguladas pelos déficits seguidos no balanço de pagamentos e contração de suas reservas.

Visando solucionar essa situação, os governos dos países periféricos do Cone Sul latino-americano passaram a adotar políticas macroeconômicas que impunham a necessidade do aumento das suas exportações via sucessivas desvalorizações cambiais, que culminavam numa dilapidação dos termos de trocas favorável aos países centrais da economia mundial (Medeiros, 1998).

Logo, se, por um lado, as desvalorizações cambiais auxiliavam na resolução da questão de falta de demanda internacional, por outro, causavam uma explosão da dívida externa, que, com o incremento nas taxas de juros, impunham ainda mais elevadas transferências em capital dinheiro aos países credores na forma de pagamentos dos serviços da dívida. Isso, conseqüentemente, impossibilitava o Estado de arcar com suas dívidas internas acentuando o seu desequilíbrio no balanço de pagamentos, como também de manter o nível de seus investimentos na economia nacional e na promoção do bem-estar social de suas populações, com o agravante, já citado, da dilapidação nos termos de trocas favorável aos países centrais na economia mundial. Paralelamente, ainda se desencadeava internamente um surto inflacionário sem precedentes na história desses países.

Além disso, como observamos no capítulo anterior, a oferta abundante de capitais baratos cessou, completando assim um quadro complexo de restrições externas ao crescimento das economias dos países dessa região durante toda a década de 1980, a qual se costumou denominar a "década perdida".[1]

Segundo Albuquerque (1997, p.11), nesse período realmente era evidente o

> desinteresse estratégico e econômico pela região. Isso se aplicava à América Latina como um todo, mas particularmente aos países do Cone Sul, onde os efeitos devastadores da hiperinflação e da dívida externa eram mais clamorosos. Havia um certo consenso de que a região não tinha interesse estratégico; não incomodava ninguém, do ponto de vista militar; não tinha guerras étnicas nem bomba atômica. E, por outro lado, havia perdido o interesse comercial, estava fora do mapa econômico do mundo.

---

1 Como veremos em seguida, a retomada do crescimento dessas economias ocorreu apenas após as reestruturações dos países centrais da economia mundial em torno da bandeira da globalização e da absorção das medidas neoliberais por eles na virada da década de 1980 para 1990, que possibilitaram também suas absorções na "nova" estrutura da economia mundial em decorrência, em grande medida, da crise de valorização do capital nos países da tríade.

Em contrapartida, na Europa, a evolução da Comunidade Européia, durante a década de 1970 e a primeira metade dos anos 1980, além do aumento do número de Estados-membros, é, também, marcada por numerosas iniciativas que foram pouco a pouco suplantando os esforços iniciais dos pioneiros europeus e conformando um mercado regional crescentemente importante e eficaz para amenizar os problemas advindos da longa crise desencadeada na economia mundial, possibilitando aos países-membros desse processo de integração regional um aumento bastante significativo nas trocas comerciais intrabloco (Santos, 1997), tornando evidente os primeiros sinais positivos dessa iniciativa, pois enquanto o resto do mundo vivia um período de virulenta estagnação, os países europeus mantinham um nível baixo mas positivo de crescimento no âmbito do continente, apesar de sua competitividade externa manter-se prejudicada, principalmente no tocante aos produtos do setor primário (minérios, agricultura etc.).

Essa experiência bem executada de integração regional, principalmente no tocante à esfera da economia, conjugada ao processo de globalização financeira e reestruturação produtiva das grandes corporações no sistema internacional da década de 1980, tanto influenciou na elaboração de teorias de relações internacionais para a tentativa de entender e explicar a nova realidade emergente[2] como chamou a atenção dos governantes dos países da América Latina que, em 1980, reformulavam o ideal de integração latino-americano, consubstanciado na criação da Associação Latino-Americana de Integração (Aladi), pela assinatura do Tratado de Montevidéu (Barbosa, 1992).

Assim, os processos de cooperação internacional e integração regional surgidos a partir dos anos 1980 passaram a ser em geral entendidos como estratégias governamentais para enfrentar os impactos gerados pelo processo de globalização ou como alternativas que permitiriam aos países envolvidos melhor adequação ao fenômeno (Mariano & Oliveira, 1999).

---

2 Essas teorias tendem a subordinar a esfera política e social à econômica, em razão, entre outras, de os desdobramentos econômicos sobre as sociedades e os Estados serem os traços mais marcantes desse período.

Nessa perspectiva, para as teorias macroeconômicas a cooperação internacional e a integração regional passaram a ser consideradas tendências para criar mercados de grande amplitude, por intermédio de mecanismos resultantes de uniões alfandegárias e de uniões econômicas. Portanto, "a teoria da integração enfatiza a vantagem dos grandes mercados e estuda a criação e o desvio do comércio que se podem originar com isto" (Tamames, 1993, p.240-1).

Alguns autores chegam a afirmar que "a constituição de unidades econômicas mais vastas (macromercados) possibilita, por meio das técnicas de economias de escala, o aumento de competitividade e da capacidade de pesquisa, reduz custos e preços, além de melhorar a qualidade dos produtos" (Amaral Júnior, 1994, p.23).

Fonseca Júnior (1999) complementa afirmando que os processos de integração regional

> são, em última instância, instrumentos realistas, constituindo mecanismos de formação de poder econômico. Podem, assim, sustentar com maior ou menor eficácia pólos de poder político ... [pois] em sua essência, os processos de integração servem ao crescimento econômico e, portanto, à criação de riqueza, instrumento natural de poder no mundo contemporâneo. (p.74 e 77, respectivamente)

OS MOMENTOS INICIAIS DO MERCOSUL

Durante a crise mundial e, especificamente, regional, em meados da década de 1980, influenciados pelo exemplo da Comunidade Européia e das teorias de integração regionais, ambas já citadas, Argentina e Brasil, recentemente redemocratizados em 1983 e 1985, respectivamente, após vários anos de regimes militares, desencadearam uma estratégia de reaproximação, objetivando em conjunto a consolidação de interesse políticos – como a democracia recém-conquistada – e econômicos – como a intensificação de suas relações comerciais bilaterais emergentes desde 1979. Ambos os países acreditavam que essa estratégia poderia auxiliá-los numa melhor inserção no sistema internacional contemporâneo emergente nas últimas décadas do século XX.

As motivações históricas dessa estratégia de aproximação até a concretização do Mercosul em 1991, com a assinatura do Tratado de Assunção, são bem remotas, podendo ser identificadas, conforme o autor, ainda no século XIX na utopia "bolivariana" de uma América Latina unida, ou ainda

> na iniciativa de criação de União Aduaneira Brasil-Argentina em 1940, ou na criação da Associação Latino-Americana de Livre-Comércio (Alalc) pelo Tratado de Montevidéu de 1960. Mais próximos temos a Associação Latino-Americana de Integração (Aladi), criada pelo Tratado de Montevidéu de 1980 e o Programa de Integração e Cooperação Econômica entre o Brasil e a Argentina (Pice) de 1985. (Barbosa, 1992, p.3)

Ou mesmo como entende Bueno (1997, p.1) ao afirmar que "as relações do Brasil com a Argentina são marcadas, desde o final do século passado, por fases de aproximações e recuos, que dependeram de dificuldades específicas da sub-região e de fatores conjunturais, tanto hemisféricos quanto mundiais". O processo de integração entre Brasil e Argentina surge então como uma fase a mais de aproximação entre os dois países num sistema internacional marcado pela globalização financeira e pela reestruturação produtiva. Porém, deve-se ressaltar que essa aproximação é qualitativamente nova em razão de sua institucionalização que, muitas vezes, imprime ao relacionamento uma nova dinâmica diferenciada daquela baseada no isolamento nacional que configurou todas as outras.

No sentido desse relacionamento qualitativamente novo, pode-se considerar como marco fundamental da aproximação entre os dois países a assinatura do acordo Itaipu-Corpus em 19 de outubro de 1979 entre os governos da Argentina, do Brasil e do Paraguai, o qual acabou pondo fim às divergências sobre o aproveitamento hidrelétrico do Alto Paraná (Bandeira, 1993), dando início a um período histórico marcado pela tomada de consciência dos

> responsáveis pela condução das políticas na Argentina e no Brasil ... de que o cultivo de ambigüidades de qualquer natureza não servia aos seus reais interesses, [sendo então] possível fazer uma mudança de signo de todos os aspectos da relação, mesmo os mais delicados, colo-

> cando sob a ótica da convergência e da soma de esforços tudo o que aparecia antes na linguagem do jogo de soma zero. (Lafer, 1997, p.253)

Outro passo fundamental ocorreu em 1980, com a criação da Aladi por meio do Tratado de Montevidéu, que proporcionou, mais tarde, o desencadeamento do processo de integração regional entre eles. Isso foi possível na medida em que a principal característica da Aladi,

> em relação à Alalc, entre outras inovações, é a de ter adotado como meta o estabelecimento gradual e progressivo de um mercado comum latino-americano, não mais a partir da criação de uma zona de livre-comércio e da estrita observância da cláusula da nação mais favorecida, mas por meio do estímulo a arranjos bilaterais que não se estenderiam automaticamente aos demais países membros. (Amorim & Pimentel, 1991, p.8)

Com isso, apesar de "o TM-80 [colocar] a visão comunitária regional em nítido segundo plano [reforçou] a supremacia dos interesses individuais dos países membros" (Barbosa, 1992, p.27). Se, por um lado, teve efeito negativo ao reforçar a concentração das relações comerciais da maioria dos países da América Latina com os países desenvolvidos (mais de 60% do intercâmbio comercial da região), especialmente com os EUA (Mariano & Oliveira, 1999), por outro, estabeleceu um arranjo regional que visava à

> promoção e regulação do comércio recíproco e cooperação econômica para o desenvolvimento através da configuração de uma área de preferências econômicas, como etapa intermediária ... [além disso] permite a negociação de acordos bilaterais ou por grupos de países [e] inclui, entre os princípios gerais, o da convergência, ou seja, a multilateralização gradual das ações de caráter parcial. (Barbosa, 1992, p.27-8)

Em razão do contexto de estagnação mundial, todas essas medidas vinham ao encontro do interesse tanto do Brasil como da Argentina, que eram responsáveis por volta de 70% das transações comerciais realizadas entre os países da Aladi, além de terem economias mais facilmente complementares no âmbito regional.

Explorando essa condição favorável, segundo Hirst (1988), a partir desse momento vários fatores[3] acabaram criando um conjunto de coincidências entre os dois governos, que passaram a intervir politicamente promovendo iniciativas econômicas em seus países, visando a uma maior aproximação de setores empresariais e, por conseguinte, de organismos estatais em seus relacionamentos bilaterais.

Como passo inicial na consolidação dessa aproximação, em 31 de novembro de 1985 foi assinada a Declaração de Iguaçu pelos presidentes Raúl Alfonsín, da Argentina, e José Sarney, do Brasil, documento este que enfatizou a consolidação do processo democrático, a união de esforços na defesa conjunta dos interesses de ambos os países nos foros internacionais e o aproveitamento dos recursos comuns entre eles (Hirst, 1988).

Segundo Mariano (2000b), foi nesse momento também que se iniciou o processo de formação da estrutura institucional do Mercosul por meio do estabelecimento de uma articulação estatal-burocrática bilateral, que acabou sendo ocupada pelos tradicionais formuladores das políticas exteriores de cada país: o Itamaraty e o Palácio San Martín, aos quais o autor denomina de formuladores iniciais. “Estes contaram com o auxílio de setores dos Ministérios da Economia e Bancos Centrais no desenvolvimento das negociações, principalmente as ligadas às questões comerciais” (Mariano, 1998a, p.6).

A dimensão econômica desse novo relacionamento político entre Brasil e Argentina foi concretizada, em julho de 1986, com a assinatura do Pice (Programa de Integração e Cooperação Econômica), que levou à concretização de 24 protocolos.[4] No momento

3 Como a implementação de protocolos bilaterais relativos ao intercâmbio comercial, à cooperação econômica, tecnológica e militar no âmbito da Aladi e a intensa atividade diplomática brasileira, solidária com a Argentina na Guerra das Malvinas, além da vontade explícita do governo Alfonsín na Argentina de intensificar as relações com o Brasil e, fundamentalmente, como vimos, a “redemocratização” deste último com a ascensão de José Sarney como presidente.

4 Os protocolos assinados no âmbito do Pice entre Argentina e Brasil foram: 1. Bens de Capital (Buenos Aires, 29.7.1986); 2. Trigo (Rio de Janeiro, 29.7.1986);

inicial foram assinados doze protocolos, sendo os seguintes progressivamente acertados até agosto de 1989 (Oliveira, 1997).

Com a assinatura da Ata de Integração entre os dois países, em 29 de julho de 1986, operacionalizou-se o funcionamento do Pice, cujo objetivo era propiciar

> um espaço econômico comum, mediante a abertura seletiva e do estímulo à complementação de setores da economia dos dois países segundo princípios de gradualidade, flexibilidade, equilíbrio e simetria, para permitir a adaptação progressiva dos habitantes e das empresas de cada Estado às novas condições de competitividade e à nova legislação econômica. (Amorim & Pimentel, 1991, p.9-10)

Os protocolos assinados entre os dois países no período de julho a dezembro de 1986, visando ao aprofundamento da relação bilateral, definiram um programa de trabalho que tinha por meta propiciar as condições para a formação de um mercado comum entre as economias argentina e brasileira.

> O programa compreende um conjunto variado de providências que abrange desde o aprofundamento das preferências comerciais entre os dois países, a remoção de barreiras não-tarifárias, a criação de instrumentos financeiros para sustentar os níveis de intercâmbio, o estímulo à formação de empresas binacionais, projetos de cooperação em áreas de tecnologia de fronteira, projetos setoriais integrados, como bens de capital, trigo e abastecimento alimentar, etc. (Araújo Júnior, 1991, p.41)

---

3. Complementação de Abastecimento Alimentar (Buenos Aires, 29.7.1986); 4. Expansão do Comércio (Buenos Aires (29.7.1986); 5. Empresas Binacionais (Buenos Aires, 29.7.1986); 6. Assuntos Financeiros (Buenos Aires, 29.7.1986); 7. Fundo de Investimentos (Buenos Aires, 29.7.1986); 8. Energia (Buenos Aires, 29.7.1986); 9. Biotecnologia (Buenos Aires, 29.7.1986); 10. Estudos Econômicos (Buenos Aires, 29.7.1986); 11. Informação Imediata e Assistência Recíproca em Casos de Ações Nucleares e Emergência Radiológicas (Buenos Aires, 29.7.1986); 12. Cooperação Aeronáutica (Buenos Aires, 29.7.1986); 13. Siderurgia (Brasília, 10.12.1986); 14. Transporte Terrestre (Brasília, 10.12.1986); 15. Transporte Marítimo (Brasília, 10.12.1986); 16. Comunicações (Brasília, 10.12.1986); 17. Cooperação Nuclear (Brasília, 10.12.1986); 18. Cultura (Buenos Aires, 15.7.1987); 19. Administração Pública (Vidma, 17.7.1987); 20. Moeda (Vidma, 17.7.1987); 21. Indústria Automotriz (Brasília, 7.4.1988); 22. Indústria de Alimentação (Brasília, 7.4.1988); 23. Transporte Regional Fronteiriço (Buenos Aires, 29.11.1988); 24. Planejamento Econômico e Social (Brasília, 23.8.1989).

Em suma, todas essas iniciativas supunham a formulação de uma alternativa de desenvolvimento conjunto, por meio de um amplo programa de integração econômica entre os dois países na perspectiva do fortalecimento das economias nacionais, por meio da ampliação do mercado interno e da possível associação entre empresas dos dois países, elevando assim suas capacidades de produzir em escalas maiores, o que num segundo momento facilitaria a abertura comercial ao mundo externo e para a competitividade global, preservando ainda uma certa fronteira regional em relação ao espaço econômico mundial.

Buscava-se ainda a articulação entre diversas outras esferas, como a científica, a tecnológica, a de segurança e a financeira, num amplo espectro de perspectivas de colaboração (Alimonda, 1992; Mariano & Oliveira, 1999), que propiciariam, pelo menos idealmente, antes de tudo, a reestruturação produtiva das empresas da região, capacitando-as para atuar como grandes corporações transnacionais no mercado mundial, o que acabaria garantindo tanto a retomada de desenvolvimento nacional quanto o sucesso da integração regional.

No plano interno, essas estratégias expressaram-se mais nitidamente no Brasil com o Plano Cruzado, mas também, num primeiro momento do governo Alfonsín, com o Plano Austral, que, em seguida, teve suas metas modificadas e passou a ser o instrumento eficaz na promoção das medidas neoliberais naquele país, o que ocorreria no Brasil somente mais tarde com a eleição de Collor de Mello em 1989, período em que já estava sendo aprofundado na Argentina com Menem.

Seguindo essa lógica, o sucesso obtido pelo Pice, verificável no forte aumento de comércio bilateral e na cooperação, levou os presidentes Alfonsín e Sarney a optarem pela criação de uma estrutura permanente de negociações, a fim de consolidar os benefícios já obtidos, pois as crises políticas e econômicas que ambos os países atravessavam naquele momento poderiam inserir elementos de preocupação em relação à continuidade da integração (Mariano & Oliveira, 1999). Tanto os negociadores brasileiros quanto os argentinos naquele momento haviam compreendido e tinham a clareza de que a cooperação era necessária à consolidação de um projeto de inserção internacional não subalterno, bem como à modernização empresarial e das estruturas produtivas de seus países, porém ainda se pautavam em estratégias diferenciadas para a sua promoção, o que em certa medida ainda ocorre hoje.[5]

Nessa direção, a articulação estatal-burocrática bilateral se fortaleceu e passou a promover a conformação de uma estrutura institucional intergovernamental com o estabelecimento de órgãos para levar adiante o processo de integração regional (Mariano, 2000a). Nesses órgãos ela tendeu a centralizar em si o processo decisório excluindo a possibilidade de atuação de novos atores, como no caso desta pesquisa, dos atores políticos brasileiros.[6] Contudo, naquele momento isso não se constituía ainda como um entrave à integração.

Enquanto isso, na Argentina, esse novo relacionamento permitia estabelecer um programa de estabilização econômica condicionado pelo FMI, que significava "o congelamento dos salários e dos preços, como modo de respaldar a estabilidade da moeda e de promover o incremento das exportações, cujo fim era obter um superávit comercial para garantir o pagamento dos compromissos da dívida externa" (Quintar & Argumedo, 2000, p.42). O Pice era o instrumento que estava permitindo o alcance desse superávit comercial com o Brasil, sendo então considerado como primordial elevando o interesse argentino no processo integracionista.

No Brasil, basicamente, o novo relacionamento era concebido como uma abertura de novos mercados consumidores para as suas empresas, visto que o Plano Cruzado, do ponto de vista do Estado, objetivava proporcionar melhores condições para o empresariado de executar e ampliar sua atuação tanto no âmbito nacional quanto no regional e no internacional, preparando-o para a nova fase da economia internacional que vinha se gestando.[7]

---

5 Em fevereiro de 2003.

6 Os atores políticos brasileiros aqui considerados são os partidos políticos, os parlamentares e o Poder Legislativo.

7 Uma hipótese a ser comprovada é que esse período talvez tenha sido o último em que Estado e empresariado nacional estiveram juntos na promoção de um desenvolvimento econômico autocentrado no Brasil, que foi fracassado, mas até então havia possibilitado que os formuladores da política exterior brasileira promovessem o interesse nacional unificadamente.

DO DESENVOLVIMENTISMO AO NEOLIBERALISMO

Com o fracasso no Brasil dessa estratégia, além do relativo sucesso obtido pela Argentina, que iniciava a aplicação das chamadas medidas neoliberais, mais a aproximação do fim de ambos os governos, no dia 29 de novembro de 1988 o Brasil e a Argentina celebraram o Tratado de Integração, Cooperação e Desenvolvimento, pelo qual expressaram o desejo de constituir, no prazo de dez anos, um espaço econômico comum, por meio da liberalização integral do intercâmbio recíproco, bem como a convergência entre as políticas macroeconômicas. Provavelmente, esse tratado foi um indicativo importante de que no Estado brasileiro iniciava-se a absorção das idéias neoliberais, que já estavam enraizadas no argentino.

De fato, nesse mesmo período as medidas neoliberais eram comuns a ambos os países e consideradas necessárias e inevitáveis à retomada do desenvolvimento, levando as elites nacionais tanto da Argentina como do Brasil a absorvê-las como ideário político e econômico (Mathias, 1999a, b). Estas estavam interessadas nas promessas de reestruturações socioeconômicas pela renegociação da dívida externa e dos ajustes internos preconizados pelo Plano Baker, complementado, mais tarde, pelo Plano Brady, os quais enfatizavam a criação de condições propícias tanto à ampliação de um espaço de valorização do capital por outras regiões do planeta, visando tanto contornar a crise internacional do fim da década quanto a saída da estagnação sofrida na "década perdida" por esses países pelas estratégias principais consolidadas na tríade, ou seja, pela globalização financeira, pela reestruturação produtiva e pelos processos de integração regional, entre outros.

Portanto, o Tratado de Integração, Cooperação e Desenvolvimento desempenhou, juntamente com a absorção das medidas neoliberais, o papel de demonstrar ao mundo que ambos os países esforçavam-se para restabelecer suas condições de região próspera à valorização do capital, o que era confirmado pela ascensão dos novos governos, eleitos em 1989,[8] que deram um novo e decisivo

---

8 Fernando Collor de Mello (no Brasil) e Carlos S. Menem (na Argentina).

impulso ao decidirem redefinir a agenda existente até então, assinando, em 6 de julho de 1990, a Ata de Buenos Aires, que fixou a data de 31 de dezembro de 1994 para a conformação definitiva do mercado comum entre os dois países, adiantando em cinco anos a constituição da união aduaneira entre eles.

No tocante ao desenvolvimento da estrutura institucional do Mercosul, "apesar desta evolução nas intenções de aprofundamento da integração, da criação de uma Comissão Parlamentar e de uma maior mescla entre temas domésticos e externos, a estrutura ainda permaneceu excludente em relação aos setores não ligados aos formuladores iniciais" (Mariano, 1998, p.6).

Foi nesse contexto que os contornos do processo de integração regional passaram a ser definidos em uma ótica neoliberal em contraposição ao ideal desenvolvimentista originário, ainda marcante no Brasil, inicialmente alijado do ideário político e econômico nos anos posteriores, e abandonado na Argentina anos anteriores com o argumento de que a fase do desenvolvimento via substituição de importações autocentrado havia definitivamente chegado ao fim.

A conjunção de todas essas variáveis nacionais e regionais com o que ocorria nesse período nos países da Tríade e a gestação de uma nova crise a partir dos processos especulativos em decorrência da globalização financeira, iniciada pela crise da Bolsa de Nova York em 1987, que se espalhou nos anos seguintes a toda economia mundial, foram preponderantes para o início do redirecionamento de consideráveis fluxos de investimento externo direto para os dois países, na perspectiva de que se aproveitasse o espaço regional estabelecido pelo aprofundamento da cooperação entre ambos os países, utilizando-os como "plataforma[s] de expansão comercial ou circuitos auxiliares de valorização patrimonial e financeira – sobretudo via privatizações e pela elevação das taxas de juros internas – em cujo caso são classificados como 'economias emergentes'" (Tavares & Melin, 1998, p.77).

Os agentes internacionais responsáveis por esses tipos de IED passaram, a partir de então, paulatinamente, a considerar a região como um bloco unificado para realizar suas estratégias de investimentos, tanto no tocante à produção como à comercialização ou na esfera financeira. Isso significou para os formuladores de políticas argentinos e brasileiros – no tocante ao processo de integração regional que se desenvolvia, pelo menos, desde 1985 – a necessidade de aprofundá-lo, dotando-o de instrumentos mais eficazes à sua administração e promoção. Enfim, fazia-se necessária a criação de novos atrativos que tornassem mais segura a decisão de investir na região, bem como a criação de regras claras na condução desse processo, diminuindo as desconfianças mútuas que poderiam ocorrer entre os governos.

Os formuladores de políticas acreditavam também que a constituição de uma união aduaneira seria vantajosa aos grupos econômicos nacionais. Haviam também incorporado definitivamente a idéia de que o Estado, na qualidade de ator capaz de estabelecer e promover estratégias de transformação econômica capazes de propiciar crescimento e desenvolvimento, estava falido ou incapacitado para desempenhar esse papel e que caberia a ele apenas criar o ambiente propício, no qual os agentes, particularmente os econômicos, pudessem alcançar melhor desempenho.

Todo o cenário indicava para eles a estratégia de se buscar estabelecer regimes internacionais, na linguagem das teorias de relações internacionais, que nada mais são do que instituições com regras claras, acordadas pelos governos sobre questões de relações bilaterais e/ou multilaterais, como a saída mais eficaz para a resolução dos problemas de ambos os países. Keohane & Nye (1989, p.3) definem o termo instituições como "um conjunto de regras permanentes e conectadas (formal ou informal) que definem os papéis comportamentais, limitam a ação e compartilham expectativas".

Por sua vez, esses regimes internacionais têm como finalidade administrar a interdependência econômica[9] entre os Estados, por meio de negociações que resultariam em um arranjo político (ibidem).

9 É válido dizer aqui que no Mercosul a interdependência econômica existente entre os países-membros no início da década de 1990, em boa medida, foi produzida pela ação estatal e não surgida naturalmente em razão da intensificação das trocas econômicas, como sustenta Keohane.

Este último seria o processo de integração regional em gestação que faz parte de um tipo de resposta política produzida pelos Estados modernos perante a interdependência econômica, cada vez mais crescente com o advento da liberalização comercial e financeira e da reestruturação produtiva (ibidem) propugnada atualmente como fundamental para a reordenação do sistema internacional contemporâneo em um momento de polaridades indefinidas.

Portanto, o processo de integração regional no Cone Sul era indicado como a saída mais provável à resolução da questão da interdependência econômica criada pelos seus governos durante a década de 1980, bem como à reinserção de ambos os países no sistema internacional caracterizado crescentemente pela globalização financeira, à reestruturação produtiva e à promoção de tipos distintos de regionalismos. Esta opção representava uma possibilidade de estabelecer uma "solução de compromisso" diante da tensão globalização/integridade econômica e política dos Estados nacionais; sua dinâmica era dependente tanto da evolução da situação interna política e econômica dos países envolvidos quanto do quadro internacional (Veiga, 1992).

A NECESSIDADE HISTÓRICA DO MERCOSUL

O Mercosul emergiu, assim, como uma proposta de mercado comum, sendo constituído em 26 de março de 1991, pela assinatura do Tratado de Assunção, com a incorporação de Uruguai e Paraguai, visando criar uma união aduaneira capaz de possibilitar uma situação estável e propiciar o aprofundamento das relações entre os membros. Podemos afirmar que ele avançou em duas fases, marcadas por mudanças institucionais, sendo a primeira finalizada em 31 de dezembro de 1994, e a segunda iniciada em janeiro de 1995 até 1999, quando, após a desvalorização do real no Brasil, o Mercosul tendeu à estagnação e até mesmo ao refluxo com o início da grave crise na Argentina em 2001.

O Mercosul foi geralmente caracterizado como "uma plataforma de inserção competitiva numa economia mundial que simultaneamente se globaliza e se regionaliza em blocos" (Lafer, 1994, p.9). Ou ainda, "a integração, em resumo, foi o resultado natural da confluência do projeto político de adensamento das relações com as exigências da conjuntura econômica internacional, marcada pelo duplo condicionante da globalização e do regionalismo" (ibidem, 1997, p.254-5), como buscamos demonstrar no capítulo anterior.

Já para Amaral Júnior, a assinatura do Tratado de Assunção, em março de 1991, entre Brasil, Argentina, Uruguai e Paraguai "é uma tentativa de responder às complexidades e incertezas da nova ordem internacional. No momento atual, é imperativo que os países membros do Mercosul formulem estratégias adequadas que lhes permitam ampliar os benefícios que poderão advir da nova realidade internacional" (1994, p.23-4), o que também é verdadeiro.

Nessa perspectiva, o Tratado de Assunção, que implementou o Mercosul e as diretrizes a serem seguidas na fase de transição, foi composto por uma série de medidas distribuídas ao longo de seis capítulos e cinco anexos. Analisando-o, percebe-se que o primeiro capítulo trata das propostas, princípios e instrumentos. Nele estão expostos os objetivos do processo de integração e as medidas a serem tomadas para a sua concretização.

Ficou estabelecido que a criação do mercado comum implicaria a livre circulação de bens de serviços e de fatores de produção por meio da eliminação de tarifas e barreiras não alfandegárias. Ao mesmo tempo, os quatro membros comprometeram-se a estabelecer uma Tarifa Externa Comum (TEC) para terceiros países, a qual representa o "núcleo duro" do Mercosul e, atualmente, se encontra quase desativada.

Outro ponto abordado no primeiro capítulo foi a coordenação de políticas macroeconômicas e setoriais entre os participantes, com a possível harmonização de suas legislações em áreas pertinentes ao fortalecimento da integração. Até o momento, isso não ocorreu, apesar de um programa de liberalização comercial ter sido aplicado pelos quatro países, objetivando o alcance dessas metas.[10]

10 Talvez uma exceção tenha sido a assinatura da Cláusula Democrática do Mercosul durante as crises institucionais sucessivas no Paraguai.

Esse programa determinava reduções tarifárias progressivas, lineares e automáticas, acompanhadas da eliminação das barreiras não tarifárias, da adoção de acordos setoriais, com o intuito de otimizar a utilização e a mobilidade dos fatores de produção; além, é claro, da tarifa externa comum para incentivar a competitividade dos quatro países.

Para a sua realização dever-se-iam adotar como instrumentos um regime geral de origem, um sistema de solução de controvérsias e cláusulas de salvaguardas, tudo isso sem comprometer os compromissos internacionais assumidos antes do Tratado de Assunção pelos quatro países. Mas a partir daí as posições que fossem apresentadas nas negociações comerciais externas deveriam estar coordenadas de modo a representar a posição do bloco formado pelos quatro países, objetivando fortalecer seu poder de barganha nas negociações internacionais[11] (Tratado de Assunção, 1991).

No segundo capítulo, os membros do Tratado elaboraram uma estrutura orgânica simplificada – que seria ampliada, mais tarde, pelo Protocolo de Ouro Preto – definindo como seria realizada a administração e a execução das decisões adotadas no quadro jurídico estabelecido. Tal estrutura compõe-se de dois órgãos com capacidade de poder decisório: o Conselho do Mercado Comum e o Grupo Mercado Comum. Foi criada também uma Comissão Parlamentar Conjunta para garantir aos parlamentos dos países-membros uma estrutura que permitisse o acompanhamento do desenvolvimento do processo de integração por eles, porém sem estatuto de órgão e/ou poder decisório, além de uma Secretaria Administrativa que executa as funções técnicas de todo o processo, tais como tradução de textos e o arquivo de documentos.

11 Essa proposta de atuação conjunta pareceu consolidar-se durante as negociações relativas às Iniciativas para as Américas, em que um dos resultados foi o acordo 4+1, no qual os países-membros do Mercosul negociaram em bloco com os representantes norte-americanos, apresentando uma posição de consenso entre eles (Amorim & Pimentel, 1991). Além desse primeiro exemplo, cabe destacar ainda as negociações em conjunto da Alca, bem como as do Acordo com a União Européia, que parece estar avançando após a posse do atual presidente Lula da Silva em janeiro de 2003.

A elaboração de uma estrutura institucional[12] no Mercosul visaria limitar atividades desleais de um dos Estados partes a seus membros, pois acabaria criando legitimidade, ao proporcionar mecanismos de controle para impor constrangimentos aos que não cumprissem o estabelecido, assim como facilitaria o acompanhamento permanente do processo e, em caso de se detectar qualquer irregularidade, esta teria uma resposta imediata, podendo trazer conseqüências negativas ao Estado praticante de atos lesivos.

As disposições seguintes do Tratado referem-se à sua vigência (terceiro capítulo), de duração indefinida a partir de sua entrada em vigor. Para isso, fez-se necessária a ratificação dos Congressos dos quatro países. Também se estabeleceram as normas de adesão ao processo, aberta aos demais países integrantes da Aladi (quarto capítulo), mas com restrições para aqueles de outras áreas de integração, em clara alusão ao México. A adesão resulta de uma negociação a partir de uma solicitação aos membros do Mercosul.[13]

O quinto capítulo estabelece os mecanismos para a realização da chamada "renúncia", que consiste no desligamento do Tratado por parte de um dos países-membros, com conseqüente perda dos seus direitos e obrigações como participante. Contudo, de acordo com o Tratado, os deveres e os direitos referentes ao Programa de Liberalização e alguns outros aspectos permanecem após a renúncia por um período de dois anos, conforme os acordos a serem estabelecidos durante os sessenta dias seguintes ao início do desligamento.

O sexto e último capítulo trata das disposições gerais. O primeiro anexo é o Programa de Liberalização Comercial; o segundo é o Regime de Origem, composto pelo Regime Geral de Qualificação de Origem e pela Declaração, Certificação e Comprovação (de origem); o terceiro refere-se à solução de controvérsias; o quarto é a cláusula de salvaguarda; e o quinto anexo é a listagem dos dez subgrupos de trabalho.[14]

---

12 Trataremos no terceiro capítulo da estrutura institucional e do processo decisório no Mercosul em razão de acreditarmos que ela, em grande medida, contribui na configuração das estratégias de atuação de partidos políticos, parlamentares e Poder Legislativo brasileiros no Mercosul.

13 Em 1997, Bolívia e Chile fizeram essa solicitação, que acabou sendo aprovada.

14 1. Assuntos Comerciais; 2. Transportes Aduaneiros; 3. Normas Técnicas; 4. Políticas Fiscal e Monetária; 5. Transporte Terrestre; 6. Transporte Marítimo;

Como podemos observar, a maioria das disposições contidas no Tratado de Assunção versa sobre questões econômicas, principalmente as referentes à liberalização comercial, ou seja, a ênfase do processo de integração regional está sobre os assuntos econômicos definitivamente em uma ótica "neoliberal".

Podem-se notar também a ampliação e a evolução da estrutura institucional em busca do aprimoramento dos mecanismos decisórios. De fato, com o Tratado de Assunção (1991) surgiram canais para a participação dos setores não-governamentais no processo de integração regional. Basicamente, esses canais são os Subgrupos de Trabalho do Grupo Mercado Comum. No entanto, o processo de tomada de decisões manteve-se inalterado, sendo o Conselho Mercado Comum o único órgão a emitir decisões.

Pelo fato de o Mercosul ser constituído por países que buscam alcançar ainda hoje estabilidade econômica interna, esses compromissos firmados pelo Tratado de Assunção foram em parte relegados para um segundo plano. Para Bradford Júnior (1992), essa situação era inevitável e até mesmo benéfica, porque estimularia a realização de ajustes internos, importantes ao processo integracionista como um todo.

Realmente, no governo Collor de Mello, quando se iniciou no Brasil a abertura comercial, os compromissos da integração regional, muitas vezes, foram utilizados discursivamente para acelerar medidas internas consideradas necessárias à estabilização do país. Ou seja, os objetivos centrais do processo de integração regional foram renegados em benefício dos ajustes macroeconômicos das economias nacionais, mas, por sua vez, as economias nacionais, em razão do aumento no grau de interdependência e complementação econômica, em grande medida, principalmente no caso argentino, passaram a necessitar crescentemente do sucesso da integração, como veremos adiante na conjuntura de 1995 e no triênio 2001-2003.

Assim, pelo menos no discurso, os governos nacionais, principalmente os da Argentina e do Brasil,[15] implementavam as reformas

7. Política Industrial e Tecnológica; 8. Política Agrícola; 9. Política Energética; 10. Coordenação de Políticas Macroeconômicas.

15 Antes do Brasil, a absorção e implementação da era neoliberal ocorreu no governo argentino. Há autores que afirmam que desde as últimas etapas do

neoliberais no âmbito nacional como condicionantes ao avanço do processo integracionista e vice-versa. Com elas, acreditava-se poder criar as condições propícias para o sucesso de seus planos nacionais de estabilização antiinflacionários, sendo o Mercosul, freqüentemente, utilizado para isso.

Nessa perspectiva, o Mercosul emergia mais como uma estratégia de inserção de países autônomos no sistema internacional contemporâneo e menos como uma proposta de integração regional pela qual os países unidos enfrentariam os problemas advindos da nova realidade mundial, como parece ser o caso europeu.

Prova disso é a tese sustentada por alguns autores de que a aceleração dos prazos para a constituição do Mercosul em 1988 e em 1990 ocorreu mais como conseqüência de políticas internas do que de integração regional, pois foi amplamente utilizada pelos governos dos países do Mercosul para aprofundarem suas estratégias de liberalização econômica, de abertura comercial, de estabilização macroeconômica e de combate à inflação no plano nacional (Vigevani, 1998).

Conforme essas medidas iam sendo implementadas no plano nacional, os países-membros do Mercosul tendiam a ser readmitidos no sistema econômico internacional e fluxos de investimentos externos diretos novamente eram redirecionados à região. Logo, crescentemente, o Mercosul passava a ser considerado como um dos fatores primordiais à manutenção dessa situação.

Portanto, cada vez mais, no plano interno, os países-membros promoviam seus planos neoliberais de estabilização e, no externo,

governo militar isso já vinha ocorrendo. No governo Menem, as medidas neoliberais estavam sendo aprofundadas pelo Plano de Convertibilidade promovido pelo ministro Domingo Cavallo, enquanto no Brasil, após a tentativa fracassada de Collor de Mello com seu plano de estabilização e absorção das medidas neoliberais no país, seguida de sua derrocada do poder e a ascensão de Itamar Franco, essas mesmas medidas sofreram um refluxo, sendo retomadas mais tarde quando da ascensão de Fernando Henrique Cardoso como ministro do governo Itamar Franco, promovendo o Plano Real que, por conseqüência, garantiu-lhe sua eleição para presidente no pleito de 1994 e sua reeleição em 1998, caracterizando a inexorabilidade da absorção dessas medidas no país. Parece que com a emergência de Lula em 2002 essa tendência refluirá, pelo menos foi essa sua promessa eleitoral.

o aprofundamento do Mercosul, ambas as estratégias consideradas fundamentais para a manutenção de suas reinserções no sistema econômico internacional.

O CONSENSO EM TORNO DO APROFUNDAMENTO DO MERCOSUL: A ASSINATURA DO PROTOCOLO DE OURO PRETO

Diante dos resultados positivos auferidos por meio da manutenção dessas estratégias no Mercosul, verificáveis no aumento dos fluxos de trocas comerciais intrabloco, foi possível manter a perspectiva do aprofundamento do processo de integração regional, tornando-o a meta central de política exterior dos governos dos Estados-membros, pelo menos no plano do discurso. Vale ressaltar que isso ocorreu porque os benefícios do processo, num momento inicial, distribuíram-se pelas sociedades dos países-membros, limitando assim as possíveis resistências dos poucos atores econômicos e sociais afetados negativamente.

Nessa direção, os governos dos Estados-membros, na reunião de Las Leñas, realizada em junho de 1992, definiram uma nova agenda de negociações (contida no Protocolo de Las Leñas), mantendo o prazo final para a formação do mercado comum contido no Tratado de Assunção, ou seja, 31 de dezembro de 1994.

Essa decisão implicou uma agenda ampla e com prazos curtos, o que viria a dificultar a própria negociação. Logo, estimulou-se o debate de aspectos técnicos, em detrimento das questões sociais e políticas, aumentando ao mesmo tempo o peso dos órgãos governamentais em detrimento das questões sociais e políticas. Reafirmou-se a importância das questões econômicas sobre todas as outras, tendo em vista que o avanço comercial intrabloco proporcionava cada vez mais IED na região, bem como a atração de capitais especulativos, ambos importantes na política macroeconômica dos Estados-membros, como veremos em seguida.

Outro elemento que deve ser ressaltado da reunião de Las Leñas foi a intenção de se criar um Fórum que deveria ter a "participação do setor privado para discutir problemas de nível regional" (Rodriguez, 1994, apud Vigevani, 1998), idéia esta que mais tarde originou o Fórum Consultivo Econômico Social. No entanto, este não foi convocado durante a etapa de transição, não tendo até hoje um funcionamento adequado (Mariano & Oliveira, 1999), apesar dos aperfeiçoamentos nos últimos anos.

Nessa reunião estabeleceu-se também o calendário em torno da formulação da nova institucionalidade do Mercosul e quais seriam os instrumentos diplomáticos a regular sua administração e funcionamento a partir de 1º de janeiro de 1995 (ibidem).

Segundo Almeida (1993a, p.13), o calendário de negociação dividiu-se em quatro momentos ou prazos básicos:

- junho/93: análise do desenho institucional do Mercosul posterior ao período de transição;
- dezembro/93: análise das distribuições específicas de seus órgãos, do mecanismo de tomada de decisões e continuação da análise do desenho institucional em matéria legislativa, executiva e judicial do Mercosul "definitivo";
- março/94: determinação das instituições, definição das atribuições específicas dos órgãos e do mecanismo de tomada de decisões posteriores ao período de transição;
- maio/94: encaminhamento ao GMC das três séries de definições para "avaliação e instrumentação".

Para cumprir esse cronograma, o Grupo Mercado Comum criou durante sua nona reunião (Assunção, abril de 1993) o Grupo Ad Hoc de Assuntos Institucionais.

Essa primeira etapa no processo de integração resultou em uma União Aduaneira imperfeita porque sua formação implicava uma tarifa externa comum (TEC), a qual não chegou a alcançar sua forma plena porque ainda não engloba todos os produtos da região.[16] Por isso o Protocolo de Las Leñas, assinado em junho de 1992, já previa a manutenção das listas de exceções à TEC para o período posterior a 31 de dezembro de 1994, pois naquele momento reconhecia-se a impossibilidade de haver um acordo sobre

16 Essa situação permanece inalterada ainda hoje, quiçá houve até mesmo um refluxo.

todas as possíveis controvérsias, mesmo com a aceleração dos prazos de todas as negociações.

Diante dessa situação, os governos tomaram uma decisão pragmática: resolver tudo o que fosse possível dentro da programação inicial e deixar para a próxima etapa os pontos de maior divergência, em prol de apresentar ao mundo um clima regional propício para a canalização de IED, bem como de capitais especulativos.

É importante frisar que nesse primeiro período muitas disputas que poderiam atravancar o processo de integração regional foram resolvidas por meio de mecanismos informais de compensação aplicados em âmbito nacional, os quais, pelo Tratado de Assunção, seriam proibidos, mas acabavam sendo aceitos pelos parceiros, denotando que a importância maior era o aprofundamento do processo e a promoção de uma imagem internacional do bloco em torno desse ideal.[17]

Mantendo a lógica de maximização dos interesses em torno do processo de integração regional, os governos perceberam a inadequabilidade dos prazos estipulados pelo Tratado de Assunção às suas pretensões, pois o Protocolo de Las Leñas havia sido muito ambicioso no que se refere à questão do tempo.

Os governos buscaram corrigir essa situação mediante a redefinição de seus propósitos na reunião realizada em janeiro de 1994, na cidade de Colônia, no Uruguai, e enfatizaram numa declaração conjunta que "é necessário afirmar o propósito de formalizar uma União Aduaneira como um passo essencial para iniciar uma etapa na construção do Mercado Comum" (Rodriguez, 1994, apud Vigevani, 1998, p.19).

A partir dessa constatação, o passo seguinte foi definir um novo período de transição para a consolidação da União Aduaneira e a formação do mercado comum, realizado durante a reunião de Buenos Aires. Ele teve início em 1º de janeiro de 1995 e prosseguiu até 31 de dezembro de 2001, prazo esse que foi prorrogado até 2006 e que, provavelmente, será novamente alargado em razão da crise pela qual o bloco passa.

17 Parece que na atual crise do Mercosul (fevereiro de 2003) isso está sendo novamente promovido pelo governo Lula.

Essas discussões foram encerradas durante a Reunião de Ouro Preto, realizada em 17 de dezembro de 1994. Os membros do Conselho Mercado Comum aprovaram o Protocolo de Ouro Preto, cuja função foi complementar o Tratado de Assunção, principalmente no que se refere à sua estrutura institucional, bem como à abordagem das novas características a serem imprimidas ao processo com o fim de sua etapa de transição (Mariano & Oliveira, 1999). A escolha pela complementação surgiu para evitar que houvesse alterações profundas no processo de integração já em curso, permitindo

> pontualizar o foco das discussões mais importantes para a continuidade do processo negociador e evitar, em conseqüência, o *inferno jurídico* que uma abertura de todos os pontos poderia suscitar. Em termos contratuais práticos, o Tratado de Assunção deriva basicamente do programa estabelecido pela Ata de Buenos Aires e pelo ACE-14 e, portanto, não deveria desviar-se de seu eixo original. (Almeida, 1993a, p.17)

O Protocolo de Ouro Preto determina em seu primeiro capítulo uma nova estrutura institucional do Mercosul, com a manutenção dos órgãos da fase anterior e a criação da Comissão de Comércio Exterior, a redefinição do papel da Comissão Parlamentar Conjunta, bem como a criação do Fórum Consultivo Econômico-Social, previsto já no Protocolo de Las Leñas em 1992. Ele resultou

> numa estrutura institucional mais ramificada, com atribuições melhores definidas e com mecanismos mais específicos para a atuação de novos atores. No entanto, o poder decisório manteve-se com as burocracias governamentais formuladoras das políticas externas. Quanto às decisões, estas sofreram uma ampliação na sua origem e no seu alcance. Agora, não só o Conselho Mercado Comum é o órgão decisório, como também o Grupo Mercado Comum e a Comissão de Comércio do Mercosul, produzindo normas obrigatórias aos Estados participantes. (Mariano, 1998, p.7)

O segundo capítulo do Protocolo aborda a questão da personalidade jurídica do Mercosul. O terceiro determina o sistema de tomada de decisões, sempre por consenso e com a presença de todos os Estados participantes. O quarto trata da aplicação interna das decisões do Mercosul. O quinto aborda as suas fontes jurídicas. O sexto trata do sistema de solução de controvérsias. O sétimo, do orçamento. O oitavo, dos idiomas oficiais do Mercosul (espanhol e português). O nono aborda a questão da possibilidade de revisão da estrutura institucional estabelecida pelo Protocolo. O décimo delimita a vigência do Protocolo, que, assim como a do Tratado de Assunção, é indefinida. O último capítulo refere-se às disposições gerais (Protocolo de Ouro Preto, 1994).

Com o Protocolo de Ouro Preto, da ótica dos governos, encerra-se o período de mudanças institucionais no quadro jurídico do Mercosul, pelo menos até a concretização do mercado comum.

INCOMPATIBILIDADES NACIONAIS E PRIMEIROS SINAIS DE CRISE NO MERCOSUL

No tocante à esfera nacional, Argentina e Brasil[18] mantinham seus planos de estabilização. O argentino denominou-se Plano de Convertibilidade (1991) e o brasileiro Plano Real (1994). Por meio deles, os governos de ambos os países adotaram um sistema cambial de *currency board*,[19] pelo qual a moeda nacional mantém-se sobrevalorizada perante o dólar, numa paridade de um para um. Dessa forma, acreditava-se na possibilidade de garantir "o equilíbrio fiscal, assim como o pagamento das taxas de juros e o capital da dívida externa, sob o controle do FMI e os bancos credores" (Quintar & Argumedo, 2000). Porém, mantê-lo, apesar da necessidade de constantes ajustes, foi possível enquanto o sistema econômico internacional ficou livre das crises e os fluxos de capitais estrangeiros especulativos buscavam-se valorizar no espaço regional.

Num primeiro momento, perceptível facilmente no caso argentino e, em seguida, também no brasileiro, esses planos de estabilização tiveram sucesso, graças aos seguidos aumentos das taxas

18 Iremos tratar apenas desses dois países, pois são estes os que praticamente conduzem o Mercosul, ao controlar 98% das atividades intrabloco.

19 Apesar de o *currency board* não ter sido adotado oficialmente no caso brasileiro, a situação subseqüente ao Plano Real caracterizou-se como se fosse.

de crescimento econômico em decorrência dos fluxos de IED e, principalmente, do consumo das suas populações em razão da oferta abundante de produtos importados com preços mais baixos graças à sobrevalorização cambial que proporcionava um aumento relativo no poder de compra dos salários causando uma euforia generalizada nas sociedades. Outro ponto relevante também a ser ressaltado foi o sucesso no controle dos processos inflacionários recorrentes durante toda a década de 1980.

Entretanto, esses planos de estabilização constituíram-se, a médio e longo prazos, como armadilhas cambiais e fiscais às economias nacionais, na medida em que acarretam fortes déficits comerciais em razão da valorização da moeda combinada a uma maior abertura da economia. Em outras palavras, por serem baseados em âncoras cambiais, sempre estão sujeitos a profundos desequilíbrios externos, em decorrência, notadamente, do incremento das importações e do declínio das exportações. Isso acaba influenciando negativamente o equilíbrio das contas públicas, levando os governos a praticar uma política de altas taxas de juros, necessária para atrair capitais externos para fechar o balanço de pagamentos, o que acaba impondo uma diminuição significativa na atividade econômica, que, por sua vez, influi na arrecadação do Estado.

Por sua vez, a prática de uma política de elevadas taxas de juros incide tanto sobre as dívidas internas quanto as externas, produzindo uma explosão da dívida pública e privada do país. Somente como ilustração, na Argentina a dívida externa pública de US$ 61 bilhões em 1991 ultrapassou os US$ 140 bilhões em 1999 (Quintar & Argumedo, 2000), crescendo ainda mais nos anos posteriores até a crise profunda do país no biênio 2001-2002, enquanto, no Brasil, as cifras muito mais que dobraram até o final do governo de Fernando Henrique Cardoso.

Essa situação gera um aumento da quantia a ser paga pelos serviços da dívida externa pública que, conjugado ao expansivo aumento no déficit na balança comercial e com a conseqüente queda na atividade econômica, tendia ainda mais a exacerbar a situação das contas do balanço de pagamentos com o incremento do déficit em todas as transações correntes, tornando necessária a atração de investimentos externos a partir de então, tanto para equilibrar não só o balanço de pagamentos como também o déficit em todas as transações correntes.

É interessante e importante notar que essa deterioração das finanças públicas advém de um caráter de estratégia financeira: "Está intimamente vinculada à explosão da dívida pública, que por sua vez vincula-se à política de juros altos, necessária, como já foi mencionado, para atrair capitais externos para fechar o balanço de pagamentos" (Corsi, 2000, p.7).

Uma parte da captação desses necessários investimentos externos diretos foi efetuada pelas privatizações de empresas públicas com alta capacidade de acumulação de capitais e pela compra de empresas privadas, as quais foram adquiridas, em sua maioria, por grandes conglomerados empresariais transnacionais, levando-se em consideração, no tocante à sua atuação, o mercado regional criado pelo Mercosul. Um traço determinante desses capitais é que eles não proporcionam elevados crescimentos na esfera produtiva, mas sim são apenas aquisições de parques produtivos já consolidados com marcas estabelecidas, numa aliança entre capital externo e capital nacional, raras vezes sendo, como no caso das cervejarias Brahma e Antarctica, a constituição de oligopólios nacionais.

A outra parte vem da atração de capitais especulativos em busca, ao redor do mundo, de aplicações altamente rentáveis e de curto prazo tanto na forma de empréstimos a juros ou aquisição de títulos da dívida pública quanto da compra de ações de empresas rentáveis nas bolsas de valores.

Portanto, se, por um lado, esses planos de estabilização, tiveram o mérito de controlar o processo inflacionário sofrido durante toda a década de 1980 por estes países, entre outros benefícios, por outro, eles os condenam a taxas irrisórias de crescimento e ainda os tornam extremamente vulneráveis às oscilações da economia mundial, principalmente da ação dos capitais especulativos em busca de lucratividade rápida, impondo sérias restrições ao desenvolvimento de cada um deles em todos os âmbitos, notadamente em se tratando de integração regional, apesar de ela constituir um mecanismo auxiliar eficaz na busca do equilíbrio macroeconômico, principalmente para a Argentina, mas também ao Brasil, ainda que em menor escala, pois auxiliam as economias nacionais a diminuírem o déficit na balança comercial com outros países extrabloco, na medida em que os mercados perdidos pelas suas exportações tendem a ser reconstruídos pelo incremento comercial intrabloco.

Essa situação pode ser facilmente comprovada pela observação do espetacular aumento nas trocas comerciais intrabloco que aumentaram, nas exportações, de 11,1% para 20,5%, e nas importações, de 16% para 20,3%, no período de 1991 a 1995, imprimindo um crescimento do comércio entre os países do bloco em detrimento dos países externos a ele (de 11% para 20% no mesmo período) (Silva, 2000).

Analisando separadamente os países, percebe-se que a Argentina em dez anos passou a direcionar suas exportações ao Brasil de 8% em 1985 a 25% em 1995, pondo em segundo plano os clássicos clientes europeus, enquanto para o Brasil nesse mesmo período o mercado regional, que representava 5%, passou a 14% (Schvarzer, 1999), situação exacerbada nos últimos anos, levando muitos na Argentina a sugerir o conceito de "Brasil dependência" para a explicação desse contexto (*Gazeta Mercantil*, 1998). Em quantidade de moeda, a evolução do comércio regional entre 1985 e 1994 passou de US$ 1,674 a US$ 10,307 bilhões, respectivamente, e alcançou US$ 11,675 bilhões em 1996 e continuou crescendo até 1999.

Assim, aparentemente, o Mercosul aprofunda-se rumo à sua concretização pela estratégia interna de cada país na implementação de seus planos de estabilização com a privatização de empresas públicas e pela aquisição delas por grupos econômicos transnacionais interessados na possibilidade de auferir vantagens do espaço regional, as quais deveriam ser proporcionadas pela constante promoção do processo de integração regional no plano externo pelos seus respectivos governos, por um lado, e, por outro, pela captação de capitais especulativos necessários ao equilíbrio do balanço de pagamentos de ambos os países. Enquanto essa lógica fosse mantida, o sucesso do Mercosul estaria garantido, como realmente vinha ocorrendo pelo menos até 1999.

O APROFUNDAMENTO DA CRISE DO MERCOSUL

Essa realidade, contudo, não se manteve por muito tempo. Num primeiro momento, a economia mundial, em fins de 1994, colocou em crise a economia mexicana por causa da forma pela qual aquele país inseriu-se nela, que com suas variantes nacionais é a mesma executada por Argentina e Brasil.

Essa crise mexicana manifestou-se pelo desencadeamento de uma fuga intensa de capitais do país, levando-o à beira da bancarrota, impondo sérias restrições à sua estratégia de desenvolvimento baseada na captação de capitais estrangeiros por meio de processos de privatizações e altas remunerações pela elevação das taxas de juros internas aos títulos da sua dívida pública.

O contágio da crise mexicana tendeu a desdobrar-se por toda a economia mundial, mas foi estancado pela ação conjugada do governo norte-americano e das agências internacionais multilaterais, como o FMI e Bird, pela captação de amplos recursos a título perdido para o reequilíbrio das contas públicas do México.

Contudo, o socorro norte-americano não foi suficiente para conter um contágio inicial na economia mundial e a Argentina foi imediatamente vitimada. Uma parcela bastante significativa dos capitais especulativos ali aplicados deixou o país rapidamente produzindo um profundo desajuste nas suas contas públicas, que foi "controlado" a partir da conjugação da privatização das empresas que ainda restavam, de um empréstimo do FMI e, em grande medida, da absorção pelo Brasil, graças ao Mercosul, das exportações argentinas, o que garantiu, no final de 1995 e nos anos seguintes até meados de 1999, elevados superávits comerciais em seu favor no âmbito do bloco de US$ 1,47 milhão, US$ 1,44 milhão, US$ 1,34 milhão, US$1,20 milhão, respectivamente (Silva, 2000).

A absorção pelo Brasil das exportações argentinas foi possível pelo fato de o país estar naquele momento implementando definitivamente seu plano de estabilização com a abertura dos seus mercados, principalmente aos países do Mercosul. Além disso, foi aceito pelos países-membros que a Argentina aplicasse medidas compensatórias internas para que ela não fosse ainda mais afetada pela crise mexicana, mesmo contra o Tratado de Assunção e o Protocolo de Ouro Preto, para evitar com isso o contágio aos outros países do bloco, desencadeando uma fuga maciça de capitais da região.

No Brasil, o fluxo constante de IED devia-se ao início das privatizações, à completa desregulamentação do mercado financeiro nacional e ao aprofundamento do Mercosul, que cada vez mais passava a ser considerado pelas corporações transnacionais, principalmente as do setor automobilístico, como um espaço privilegiado para suas atividades, tanto para expandir os negócios como para adquirir empresas privadas da região, primordiais às suas atividades. A orientação entre os governantes dos quatro países-membros era manter a qualquer custo a imagem positiva do processo de integração, pois assim a região mantinha-se como atrativa aos investimentos, principalmente no caso do Brasil, visto que o seu desenvolvimento traria benefícios a todos os membros.

Desse modo, o Mercosul teve ainda uma expansão considerável entre os anos de 1995 e 1997, com uma pequena queda em 1998, ultrapassando a marca de US$ 16 bilhões em trocas comerciais, além da atração de amplos fluxos de IED, a ponto de Medeiros (1998, p.281) sugerir que "a experiência exitosa do Mercosul tem permitido ampla expansão do comércio regional, embora o crescimento do déficit do balanço de transações correntes de seus principais parceiros constitua um limite ao seu crescimento", isso porque o comércio regional é altamente dependente da expansão do financiamento externo, o principal ponto fraco do processo de integração regional como um todo.

Essa situação impõe que, caso não haja um permanente fluxo de IED para a região em razão das dificuldades inerentes ao desenvolvimento regional na formação de capital disponível para a produção, que por sua vez tende a ter sua expansão impossibilitada graças ao chamado "custo de investimento no país", o Mercosul tenderá a estancar ou até mesmo refluir, a não ser que haja vontade política dos governos dos países-membros em implementar estratégias regionais e setoriais de macro e microdesenvolvimento.

Em outras palavras, a manutenção da lógica de utilização do Mercosul como uma estratégia de cada país para a resolução dos seus problemas internos, que em determinado momento foi importante ao processo integracionista, deixa de ser benéfica a ele na medida em que o seu aprofundamento ocorra. Isso porque em todos os momentos de crise, sejam eles derivados da economia mundial ou do âmbito regional ou nacional, cada Estado-membro tende a adotar políticas unilaterais que amenizem sua situação de crise. Muitas vezes, essa atitude impõe custos aos outros países-membros, os quais respondem com retaliações da mesma proporção, impossibilitando, desse modo, o avanço da integração.

Assim, podemos afirmar que a maior fragilidade do Mercosul é a ausência de um projeto de desenvolvimento regional (Casella, 1996), em que o Estado desempenhasse um papel fundamental na alocação de recursos em áreas e setores econômicos do bloco propensos ao desencadeamento de atividades que gerem riquezas. Porém, nem os Estados nacionais nem a sociedade civil atuam nessa direção. Aqueles por privilegiar a autonomia nacional e esta, entre outros motivos, pelo fato de o processo integracionista não ter atingido suficientemente o seu cotidiano, o que acaba não a mobilizando para a questão. Provavelmente, como demonstraremos no quarto capítulo, a débil e quase nula atuação dos partidos políticos e dos parlamentares brasileiros no Mercosul pode ser explicada, em parte, por essa razão.

Segundo Casella (1996), esse projeto de desenvolvimento regional poderia iniciar-se a partir do momento em que os Estados nacionais patrocinadores do Mercosul delimitassem um novo conceito jurídico de soberania na região, hegemonizado por órgãos executivos supranacionais no âmbito da integração regional que zelassem pelos interesses regionais comuns em substituições às instituições intergovernamentais ora vigentes, que, em momentos de crise, tendem a fragilizar o Mercosul ao buscar saídas nacionais para problemas comuns.

Prova desse processo de fragilização do Mercosul foi o modo pelo qual a crise da Tailândia em 1997 (que contagiou vários outros países asiáticos, inclusive o Japão), a da Rússia em 1998, até a do Brasil na virada de 1998 para 1999, e a da Argentina no triênio 2000-2002 o atingiram. Essas crises sistêmicas internacionais solaparam as bases dos planos de estabilização com âncoras cambiais que necessitam de fluxo contínuo de capitais externos (Corsi,

2000, p.8), produzindo, assim, uma fuga intensa de capitais dos países da região, principalmente do Brasil, a ponto de suas reservas internacionais de US$ 75 bilhões caírem para US$ 30 bilhões, levando o país tanto a desvalorizar sua moeda como chegar próximo à bancarrota.

Nesse contexto, a crise na Argentina acentuou-se ainda mais, pois, além de sofrer com o problema do contágio que desencadeou a fuga de capitais do país, sua crescente dependência do mercado brasileiro, em razão do aprofundamento do Mercosul, a impossibilitou de ter suas exportações escoadas. Logo, seu déficit comercial exacerbou-se graças à queda em seu saldo comercial com o Brasil, o qual já em 1998 encontrava-se em US$ 1,20 milhão e despencou de vez em 1999 com apenas US$ 450 mil, chegando a ser negativo em 2001 e com uma leve recuperação em 2002. Além disso, o processo de desvalorização cambial brasileira desencadeado a partir de 1999, e que chegou a um ponto alarmante no período eleitoral de 2002, proporcionou que se produzissem mercadorias de um modo geral a preços menores em um mercado interno com ampla possibilidade de aumento de demanda, o que acabou atraindo muitas indústrias antes alocadas na Argentina, acentuando a sua crise com o incremento no desemprego e na arrecadação de impostos e, por conseguinte, levando-a à bancarrota.

Nessa espiral de crises, como fator agravante, a desvalorização do real incidiu sobre a dívida pública brasileira que cresceu cerca de US$ 102 bilhões (Tavares, 1999). Em vez de mudar o rumo da política econômica privilegiando o crescimento do país, o governo de Fernando Henrique Cardoso manteve-a na mesma rota, recorrendo ao FMI, que

> em troca de um empréstimo de emergência de cerca de 45 bilhões de dólares, impôs uma série de condições recessivas e a salvaguarda dos interesses do capital financeiro globalizado [no país] ... Ficou acertado que o Brasil adotaria uma política de restrição ao crédito, manutenção de taxas de juros elevadas, ajuste fiscal baseado, fundamentalmente, em um superávit primário, manutenção da abertura da economia e a não-imposição de controles sobre o capital estrangeiro. Essas medidas são claramente recessivas e implicam cortes nos gastos sociais e nos investimentos, mas o pagamento dos juros ao capital financeiro permanece intocado. (Corsi, 2000, p.9)

Diante desse cenário, o período de 1999 a 2002 foi marcado pelas disputas intra-Mercosul, principalmente entre Argentina e Brasil em diversas áreas. Tais disputas decorrem da lógica já suscitada, pela qual cada país, objetivando garantir melhores condições aos seus grupos econômicos e sociais internos para a superação da crise, busca internamente promover amplas medidas com a finalidade de minorar os custos de produção, que, conjugadas a uma política de incentivo das exportações, visa obter superávits comerciais que, em última instância, aliviem sua situação. No caso da Argentina, as exportações são dirigidas aos países do Mercosul, principalmente ao Brasil.

No Brasil, essas medidas eram entendidas como oposição aos acordos estabelecidos no Tratado de Assunção e no Protocolo de Ouro Preto, mas o governo não empregava retaliações reais, utilizando-se somente de ameaças, as quais eram mútuas. Isso conduzia o bloco para um cenário bastante incerto. Porém, concomitantemente, o Brasil também buscava criar medidas internas em benefício dos grupos econômicos e sociais aqui alocados, mas dirigindo-as para a promoção da exportação tanto fora do bloco como em seu âmbito.

A lógica mantida no período é a velha máxima "do quem pode mais chora menos" e vice-versa. Situação que pudemos observar claramente quando a fragilidade argentina foi se tornando cada vez mais aguda, levando Domingos Cavallo, ministro da Economia argentino na época, a declarar continuamente que o Mercosul não trazia benefícios a seu país, culpando o Brasil por isso (Palacios, 2001; Caminoto, 2001). Declarações que, posteriormente, eram amenizadas pela chancelaria argentina por meio da reafirmação da necessidade e da centralidade do Mercosul. A diplomacia brasileira tendeu a acompanhar a posição da Argentina, mas nada fez para solucionar o problema do Mercosul, o que permitiu ao candidato do governo, José Serra, nas eleições presidenciais de 2002, declarar sua posição contrária ao bloco.

Percebe-se assim que, para se defender de uma crise no sistema internacional contemporâneo ou do esgotamento do modelo de desenvolvimento neoliberal, os Estados tendem a desencadear medidas compensatórias nacionais em contraposição aos acordos firmados no âmbito do Mercosul. Isso ocorre pelo fato de que os governos dos países-membros, principalmente o da Argentina e o do Brasil, não estabeleceram para o Mercosul nem metas comuns macroeconômicas muito menos políticas de desenvolvimento regionais e setoriais, tanto no plano macro quanto no micro, que poderiam absorver esses impactos, como sugere Casella (1996) e Seitenfus (1992). Este afirma que

> parece ser inquestionável a necessidade de construir um poder comum, depositário dos interesses dos países-membros, que possa fornecer a indispensável continuidade ao processo integracionista e à legitimidade da representação popular. Caso não se construa esse poder comum ... o processo estará entregue às mãos dos Estados-membros e da exclusiva vontade dos governos que sucederem, sem a devida representação popular. (Seitenfus, 1992, p.62)

Por isso mesmo, decisões não deixam apenas de ser executadas, mas sim contrapostas, como pode-se verificar na política cambial argentina que se baseou no *currency board,* até a capitulação do país no final de 2001 e início de 2002, e na brasileira, após a desvalorização em 1999, baseada numa flutuação assistida.

Segundo Quintar & Argumedo, em fins de 1999, em decorrência do desdobramento de toda a situação caracterizada anteriormente e também como produto de dez anos de governo menemista,

> a Argentina encontra-se em uma situação onde ... A estabilidade monetária foi mantida ao preço de um sustentado crescimento da dívida externa ... A fraqueza da estrutura exportadora e a crescente dependência das importações para o consumo interno e para a produção geraram como tendência predominante neste período um déficit na balança comercial, que se soma ao déficit que se arrasta na balança de pagamentos. Por sua vez, o déficit fiscal devido ao peso crescente do gasto público que se destina ao pagamento dos serviços do endividamento externo gerou um círculo vicioso cada vez mais crítico, que conduz a sucessivos ajustes estruturais e à necessidade de contrair créditos que aumentam o endividamento. (2000, p.53)

Isso caracteriza uma situação insustentável a médio e longo prazos, a qual, apesar das mudanças no governo com as eleições presidenciais de 1999, não dá claros sinais de mudança em virtude da manutenção de boas relações do país com o FMI e o Banco Mundial, consubstanciada na peculiar presença de economistas comprometidos com a tradição neoliberal em cargos da hierarquia central no gabinete de De La Rúa. Ou seja, apesar das diferenças políticas entre esse governo e o anterior, ambos concordam em um ponto: o da "necessidade de manter as alianças com o poder econômico-financeiro e implementar as orientações ditadas pelo FMI e o BM" (Quintar & Argumedo, 2000, p.57), bem como em relação à manutenção da política cambial baseada no *currency board*, o que, como podemos assistir após 2000, levou à queda de De La Rúa e à completa desordem na Argentina, a qual somente agora, em início de 2003, parece estar se reconstruindo.

No caso do Brasil, Corsi (2000, p.9-10) sustenta que

> Essa política gerou um aprofundamento da crise econômica. O PIB caiu e o desemprego aumentou substancialmente. O fato de a inflação não ter deslanchado a partir da desvalorização do real sugere que a retração da atividade econômica é considerável. A política de FHC está levando o Brasil para sua segunda década consecutiva de estagnação econômica. Na década de 1980, o crescimento médio do PIB foi em torno de 2,8%; na atual década estima-se um crescimento inferior a essa cifra. Embora o processo inflacionário tenha sido contido, outros problemas estruturais – como a constituição de um esquema interno de financiamento para os investimentos, a questão da péssima distribuição de renda, a questão do desemprego, a questão do sucateado sistema de saúde, etc. – continuam intocados e obstaculizando uma retomada consistente do crescimento econômico.

Diante desses quadros nacionais e da orientação político-econômica baseada, na Argentina, num *currency board*,[20] e, no Brasil, em um câmbio flutuante assistido, implementada até então no Mercosul em favorecimento da articulação entre as corporações transnacionais e dos investidores internacionais em contraposição aos interesses das suas populações (Arroyo, 1993), podemos afir-

20 Até o início de 2002, quando Duhalde é empossado presidente da Argentina e anuncia ao país, durante discurso para empresários, que o governo vai desvalorizar o peso.

mar que o projeto do relançamento do Mercosul em 2000 e 2001, mais uma vez baseado numa retomada inconsistente de crescimento no Brasil, consistirá novamente em uma lógica em que, enquanto os ganhos mútuos para os grupos econômicos e sociais alocados em cada país forem mantidos, o processo de integração avança. Caso contrário, havendo o favorecimento de apenas um dos lados, o outro observará isso como prejuízo, tendendo a atravancar o projeto original de criação de um mercado comum pela pressão junto de suas respectivas elites políticas para que elas intervenham em benefício seu no processo de integração, geralmente de modo negativo. As disputas comerciais no período 1999-2002 foram reflexos dessa situação e, em grande medida, continuam a ocorrer pela falta de mecanismos institucionais adequados capazes de solucionar um problema técnico que acaba se transformando em político.

Mesmo diante da situação caótica do período, essa lógica da integração foi mantida até o *crash* da Argentina e o final do governo Fernando Henrique Cardoso apenas como promoção de interesses privados setoriais em detrimento dos interesses públicos nacionais e regionais, levando o bloco a não alcançar seus objetivos; muito pelo contrário, de supostos aliados ambos os parceiros acabaram se tornando concorrentes. Prova disso é o aumento substancial da utilização do Procedimento Arbitral, inclusive com o estabelecimento de Tribunal Arbitral Ad Hoc para a solução de controvérsias em razão da falta de consenso entre as partes em litígio. Essa situação de indefinição de várias questões desde fins de 1999 tem frustrado os esforços de relançamento do Mercosul, não mudando em nada sua direção decadente.

Em outras palavras, praticamente durante todo o período do segundo mandato do governo Fernando Henrique Cardoso, da queda de De La Rúa e da ascensão de Eduardo Duhalde,[21] a manutenção do Mercosul como estratégia nacional de política externa voltada para a resolução isolada dos problemas que atingem cada país-membro, somada à ausência de uma estrutura institucional

---

21 Como o quinto presidente em doze dias, o que de certa forma amenizou as manifestações populares no país.

adequada para a solução de controvérsias entre grupos econômicos e sociais com interesses setorias prejudicados alocados na região, em momentos de crise, tende a desencadear disputas localizadas que, apesar de ter pouca relevância regional, possuem a capacidade de causar sérias crises diplomáticas entre os países-membros, bem como para a imagem internacional do processo integracionista, dificultando, desse modo, seu avanço e aprofundamento.

Como decorrência dessa situação, cristalizaram-se nas sociedades dos países do Mercosul, principalmente Argentina e Brasil, grupos econômicos e sociais contrários ao processo de integração regional, que no nível nacional tendem a exigir, dos partidos políticos e dos parlamentares que os representam, medidas que os beneficiem.

É por isso, como buscaremos demonstrar no quarto capítulo, que os partidos políticos e os parlamentares brasileiros possuem uma atuação débil, quase nula no Mercosul, agindo somente nos momentos de disputas em torno de questões referentes a interesses setoriais prejudicados pela integração, como veremos no quinto capítulo. Geralmente, isso ocorre tanto em relação à burocracia quanto em relação aos governos nacionais em que se busca auferir ganhos para os grupos com interesses prejudicados que eles representam por meio da solicitação de suas proteções junto ao governo do seu país contra o setor equivalente do outro país-membro. Vale ressaltar que isso ocorre, em boa medida, também devido à limitação da estrutura institucional, como veremos no terceiro capítulo, ao não possibilitar que esses atores políticos possam influenciar e representar efetivamente os grupos econômicos e sociais que os apóiam em nível nacional no processo de integração.

O desafio dos próximos governantes de Brasil e Argentina no tocante ao Mercosul será justamente desarmar essa espiral negativa que tomou conta do cotidiano do bloco. Caso contrário, o processo de estagnação se aprofundará e o retrocesso nas metas comuns já alcançadas será inevitável.

Para que isso não se concretize, segundo Peña, a solução para a crise do Mercosul estaria na conformação de "uma forte liderança política coletiva, com imaginação técnica e participação criativa da sociedade civil" (2001, p.22).

Nessa perspectiva, Lula, em seu discurso de posse como presidente da República, declarou que sua política externa "estará orientada por uma perspectiva humanista e será, antes de tudo, um instrumento do desenvolvimento nacional" (Lula da Silva, 2003a).

Para tanto, a principal prioridade da política externa do governo Lula é "a construção de uma América do Sul politicamente estável, próspera e unida, com base em ideais democráticos e de justiça social" a partir da revitalização do Mercosul como um projeto político que "repousa em alicerces econômico-comerciais que precisam ser urgentemente reparados e reforçados", inclusive, caso necessário, com mudanças institucionais para a busca da supranacionalidade (Lula da Silva, 2003a; Oliveira, 2003).

Confirmando seu discurso de posse, durante a visita de Eduardo Duhalde em 14 de janeiro de 2003 para uma reunião de trabalho, Lula disse que "dar prioridade à América do Sul passa, necessariamente, por resgatar a vitalidade e o dinamismo do Mercosul. E tal resgate exige um relacionamento – cada vez mais fluido, cada vez mais franco, cada vez mais próximo – com a Argentina" (Lula da Silva, 2003b).

E, dando andamento à proposta de Peña, Lula afirmou na mesma ocasião sua tarefa, também assumida por Duhalde,[22] de reforçar em conjunto com a Argentina e os outros parceiros do bloco

> as dimensões política e social do Mercosul. Construiremos instituições que garantam a continuidade do que alcançamos e nos ajudem a superar os desafios que teremos de enfrentar. É fundamental garantir a mais ampla participação de nossas sociedades neste processo, com a revitalização de instituições como o Foro Econômico e Social e a Comissão Parlamentar Conjunta, e com a criação, em prazo relativamente breve, de um Parlamento do Mercosul. Para dar novo ímpeto ao Mercosul são necessários mecanismos financeiros e monetários que permitam a retomada do crescimento do comércio entre nossos países. (2003b)

Como podemos observar, a eleição de Lula no Brasil e o governo de Duhalde na Argentina são indicativos de uma vontade

22 Em resposta às palavras de Lula, Duhalde (2003) afirmou o desejo de que, unidos, ambos os governos "*mantengan firme esa idea de que el proyecto estratégico más importante de nuestros pueblos sea precisamente nuestro mercado común, que entiendo con el tiempo irá extendiéndose hacia el norte de nuestro continente y abrazará a los pueblos latinoamericanos*".

política de retomada e relançamento do Mercosul em bases muito mais sólidas do que vinha ocorrendo até então. Entretanto, isso poderá ou não avançar conforme o resultado da eleição presidencial na Argentina, prevista para o primeiro semestre de 2003.

Na prática, parece que há espaços para isso, pois, apesar das previsões catastróficas de 2002, a desvalorização cambial na Argentina superou a sobrevalorização do peso, amenizando os pontos de discórdia em torno da questão cambial no Mercosul, ao mesmo tempo em que possibilitou uma maior competitividade do seu parque produtivo. Além disso, abriu-se a possibilidade efetiva de coordenação de políticas macroeconômicas na região.

Acompanhando esse cenário, importantes grupos empresariais brasileiros fizeram altas apostas na Argentina, como a Petrobras que comprou a EG3 e a Pecom Energia, e a Ambev que adquiriu a cervejeira Quilmes.

Segundo Gonçalves (2003, p.2),

> essas operações foram o grande fato novo na relação bilateral e no Mercosul, em meio à crise e ao desmoronar do comércio bilateral ... Trata-se de aposta clara na recuperação da Argentina e em uma estratégia regional, feita por grandes empresas brasileiras que escolheram, naturalmente, a nossa região como principal campo para lançar ou consolidar a sua internacionalização. Significa também uma forma de criar sinergia positiva e de sustentar o Mercosul com uma base concreta, enquanto o comércio não retoma os seus níveis e o seu papel de sustentáculo concreto da integração regional.

Portanto, pode-se afirmar que no início de 2003 existe, sobretudo entre Argentina e Brasil, uma sinergia política para a recuperação do Mercosul, acompanhada pela ação de importantes setores da economia de ambos os países.

No próximo capítulo, vamos apresentar a estrutura institucional do Mercosul, centrando-nos no processo de institucionalização da Comissão Parlamentar Conjunta, tendo em vista que ela é o *locus* oficializado para a atuação parlamentar e partidária no processo de integração regional. Vamos ainda buscar compreender como ocorre o processo de tomada de decisões com base nessa estrutura institucional.

3 ESTRUTURA INSTITUCIONAL E PROCESSO DECISÓRIO NO MERCOSUL

> os rumos da integração serão definidos exclusivamente pela negociação dos Executivos nacionais, afastada a participação direta dos parlamentos ou das populações dos quatro países nas decisões relacionadas à integração, já que seus órgãos representativos, a Comissão Parlamentar Conjunta e o Foro Consultivo Econômico e Social, possuirão funções meramente consultivas. (Montoro, 1995)

> *los principales temas debatidos por la Comisión Mercosur reflejan suyas amplitud y diversidad, asi como la ambigüedad institucional de un grupo que solo tiene funciones deliberativas, declarativas y la posibilidad de realizar recomendaciones, generalmente ignoradas por los otros órganos del Tratado, en especial el Grupo Mercado Común y el Consejo Mercado Común.* (Alvarez, 2000)

Neste capítulo iremos demonstrar mais detalhadamente a estrutura institucional do Mercosul. Daremos relevância à Comissão Parlamentar Conjunta, buscando evidenciar o grau de sua influência no processo de tomada de decisões no Mercosul.

Para isso, apresentaremos as funções de cada órgão na estrutura institucional e os atores que os compõem. Em seguida, apresentaremos como a Comissão Parlamentar Conjunta foi instituída, conformando assim um quadro adequado à análise da atuação conjunta dos órgãos do Mercosul, criados pelo Protocolo de Ouro Preto de dezembro de 1994. Nossa preocupação estará em apresentar, em sua essência, como e quem toma as decisões no Mercosul. Essa necessidade surgiu por acreditarmos que a posição de cada ator na estrutura institucional determina, em grande medida, sua forma de atuação no processo de integração regional como um todo.

ESTRUTURA INSTITUCIONAL

A primeira estrutura institucional do Mercosul foi estabelecida em 26 de março de 1991 por meio do Tratado de Assunção. Seu objetivo era definir como seria realizada a administração e a execução das decisões adotadas no processo de integração regional.

Basicamente, ela se compunha de dois órgãos com capacidade de poder decisório: o Conselho do Mercado Comum (CMC) e o Grupo Mercado Comum (GMC),[1] mas apenas o primeiro exercia efetivamente essa função. Foi criada também uma Comissão Parlamentar Conjunta para garantir que os parlamentos dos países-membros pudessem acompanhar o desenvolvimento do processo de integração, porém sem estatuto de órgão e/ou poder decisório. Criou-se ainda uma Secretaria Administrativa que executa as funções técnicas, como a tradução de textos e o arquivamento de documentos.

Essa estrutura institucional estabeleceu que o CMC, órgão superior do Mercosul, fosse composto pelos ministros das Relações Exteriores e pelos ministros da Economia, ou seus equivalentes, de cada país-membro. Sua atribuição principal é a condução política do processo de integração regional e a tomada de decisões para assegurar o cumprimento dos objetivos e prazos estabelecidos para o seu pleno desenvolvimento. Sua presidência é exercida de forma rotativa entre os quatro Estados-membros, em ordem alfabética, por um período de seis meses. Entre outras múltiplas funções, destacam-se as seguintes: controlar o cumprimento do Tratado de Assunção, seus protocolos e acordos firmados em seu âmbito; formular políticas e promover as ações necessárias à conformação do mercado comum; exercer a titularidade da personalidade jurídica

1 Logo adiante iremos apresentar mais detalhadamente as funções e os componentes desses órgãos.

do Mercosul; negociar e firmar acordos com terceiros países, grupos de países e organizações internacionais; manifestar-se sobre propostas apresentadas pelo GMC; promover reuniões de ministros e pronunciar-se sobre os acordos que lhe submetem; criar, modificar e extinguir órgãos. Vale ressaltar que as decisões desse órgão devem ser tomadas por consenso e exigem a presença de todos os países-membros, ou seja, o processo decisório é intergovernamental.

O GMC é o órgão executivo do Mercosul e sua Secretaria Administrativa encontra-se em Montevidéu. É integrado por quatro titulares e quatro membros por país, entre os quais devem constar necessariamente representantes dos Ministérios das Relações Exteriores, dos Ministérios da Economia, ou seus equivalentes, e um ministério das áreas de indústria, comércio exterior e/ou coordenação econômica, além dos Bancos Centrais. Entre outras funções, compete-lhe velar pelo cumprimento do Tratado de Assunção, seus protocolos e acordos firmados em seu âmbito; propor projetos de decisão ao CMC e tomar as medidas necessárias ao seu cumprimento; fixar programas de trabalho que assegurem a constituição final do mercado comum; criar, modificar ou extinguir subgrupos de trabalho e outros órgãos, bem como reuniões especializadas; manifestar-se sobre as propostas e recomendações que lhe forem submetidas pelos demais órgãos; negociar e assinar acordos com terceiros países, grupos de países e organizações internacionais, por delegação expressa do CMC. O Protocolo de Brasília para a Solução de Controvérsias estabelece ainda a intervenção do GMC quando os Estados partes numa controvérsia não atingirem uma resolução ou a resolverem parcialmente, mediante negociações diretas, cabendo ao GMC, então, avaliar a situação, ouvir todos os lados e formular recomendações que ponham fim às diferenças. O GMC reúne-se quantas vezes forem necessárias, sob a coordenação dos Ministérios das Relações Exteriores, e se manifesta mediante resoluções que podem, igualmente, obrigar os países-membros a incorporar suas decisões em seus respectivos ordenamentos jurídicos. O GMC conta com o auxílio da Secretaria Executiva,[2] cujas funções

2 Cabe aqui mencionar que a Secretaria Administrativa passou a fazer parte da estrutura institucional do Mercosul com o início da vigência do Protocolo de Ouro Preto, em dezembro de 1994, sendo elevada à figura de órgão.

principais são a guarda de documentos e a realização da comunicação e divulgação das suas atividades.

A Comissão Parlamentar Conjunta (CPC) tinha função apenas consultiva, limitando-se a informar os parlamentos nacionais sobre o desenvolvimento do processo de integração regional.

Como sugerimos no capítulo anterior, com o Tratado de Assunção a estrutura institucional do processo integracionista ampliou-se e evoluiu para o aprimoramento dos mecanismos decisórios. Surgiram canais para a atuação dos setores não-governamentais, tanto o empresarial como os ligados aos trabalhadores. Segundo Mariano (1996) e Vigevani (1998), foi no âmbito dos subgrupos de trabalho do GMC que essa atuação ocorreu, porém, enquanto a empresarial era mais propositiva, a sindical foi mais reativa, preocupando-se com os efeitos do Mercosul sobre os interesses dos trabalhadores.

Contudo, a capacidade de tomar as decisões manteve-se sob o domínio do CMC e, em menor medida, do GMC, ambos controlados pela diplomacia dos países-membros.

Com a promulgação do Protocolo de Ouro Preto a partir de 1995, estabeleceu-se uma nova estrutura institucional para o Mercosul. Esta manteve muito da anterior, mas certas modificações foram importantes. Algumas assimilavam o novo nível da integração econômica, expressando-se particularmente na criação da Comissão de Comércio Exterior (CCE).

Outra questão relevante foi a preocupação com a participação dos atores sociais e econômicos que estava contida na criação do Fórum Consultivo Econômico-Social, cuja função era propiciar-lhes um espaço de debates. A preocupação com a integração política expressava-se no novo papel a ser desempenhado pela CPC, que é de suma importância para esta pesquisa pelo fato de ser a forma institucionalizada para a participação dos atores políticos brasileiros no âmbito do Mercosul.

Assim, a nova estrutura institucional passou a compor-se dos seguintes órgãos:

- Conselho do Mercado Comum (CMC): continuou sendo o órgão superior do Mercosul, incumbido da condução política do processo e das tomadas de decisões. Suas características permaneceram inalteradas, bem como os seus integrantes.
- Grupo Mercado Comum (GMC): manteve sua função de órgão executivo do Mercosul e suas características do período de transição. Também permaneceram inalterados seus membros.
- Comissão de Comércio Exterior (CCE): o Protocolo de Ouro Preto criou esta CCE para auxiliar o GMC. É integrada por quatro membros titulares e quatro alternos por Estado-parte, e sua coordenação compete ao Ministério das Relações Exteriores. Suas funções principais são: velar pela aplicação dos instrumentos de política comercial comum acordados pelos países-membros para o funcionamento da união aduaneira, tanto intra-Mercosul quanto a terceiros países; aplicar a tarifa externa comum; propor ao GMC novas normas de natureza comercial e aduaneira; rever as alíquotas da TEC; estabelecer comitês técnicos necessários ao cumprimento de suas funções e supervisionar as atividades; decidir as reclamações dos países-membros e dos particulares que lhe forem apresentadas pelas suas Seções Nacionais sobre a interpretação, aplicação ou cumprimento das disposições do Tratado de Assunção, dos acordos celebrados em seu âmbito e das decisões do CMC e resoluções do GMC em relação à política comercial comum. Suas reuniões se realizam pelo menos uma vez por mês ou quando solicitadas por qualquer país-membro ou pelo GMC. Manifesta-se por meio de diretrizes ou propostas, e as primeiras obrigam os países-membros implementarem, no âmbito interno, decisões estabelecidas por concurso na CEE.
- Comissão Parlamentar Conjunta (CPC): é elevada à categoria de órgão. Sua função principal é representar e "fortalecer o espaço parlamentar no processo de integração, com vistas à futura instalação do Parlamento do Mercosul" (Regulamento Interno da Comissão Parlamentar Conjunta do Mercosul, 1998). Possui também, entre outras, as seguintes funções: acelerar os proce-

dimentos internos correspondentes nos países-membros para a pronta entrada em vigor das normas emanadas dos três órgãos do Mercosul com capacidade decisória; coadjuvar na harmonização de legislações; examinar temas prioritários quando solicitada pelo CMC; encaminhar-lhe recomendações, por intermédio do GMC. Seus membros em igual número por Estado-parte são designados pelos respectivos Parlamentos. Nota-se que esta CPC teve sua posição parcialmente fortalecida em relação ao período de transição, visto que suas resoluções devem ser necessariamente consideradas pelo GMC, o que não ocorria antes. Portanto, sua função de consulta e recomendação passa a ser relevante, uma vez que o GMC deve obrigatoriamente pronunciar-se perante as suas deliberações, ainda que não necessariamente aceitando-as.

- Fórum Consultivo Econômico-Social (FCES): órgão criado para representar os setores econômicos e sociais de cada país na integração. Pode-se dizer que substitui parcialmente os subgrupos de trabalho. Seu papel é estritamente consultivo e as recomendações que dele surgirem devem ser encaminhadas ao GMC.
- Secretaria Administrativa: permaneceu com a função de apoio operacional, responsável pela prestação de serviços aos demais órgãos do Mercosul, porém foi elevada à categoria de órgão.

Como podemos observar, essa nova estrutura institucional é mais ramificada, "com atribuições melhores definidas e com mecanismos mais específicos para a atuação de novos atores" (Mariano, 1998a, p.7). Entretanto, o poder decisório continuou sob o domínio das burocracias governamentais formuladoras das políticas externas, mas passou a ser dividido entre o CMC, o GMC e a CCM.

Antes de compreendermos como ocorre o processo decisório no Mercosul, iremos demonstrar, na seção seguinte, como ocorreu a institucionalização da CPC, haja vista sua potencial importância para a atuação dos atores políticos e dos grupos de interesses brasileiros no processo de integração regional.

Quadro 1 – Mercosul (atualizado em maio/2002)

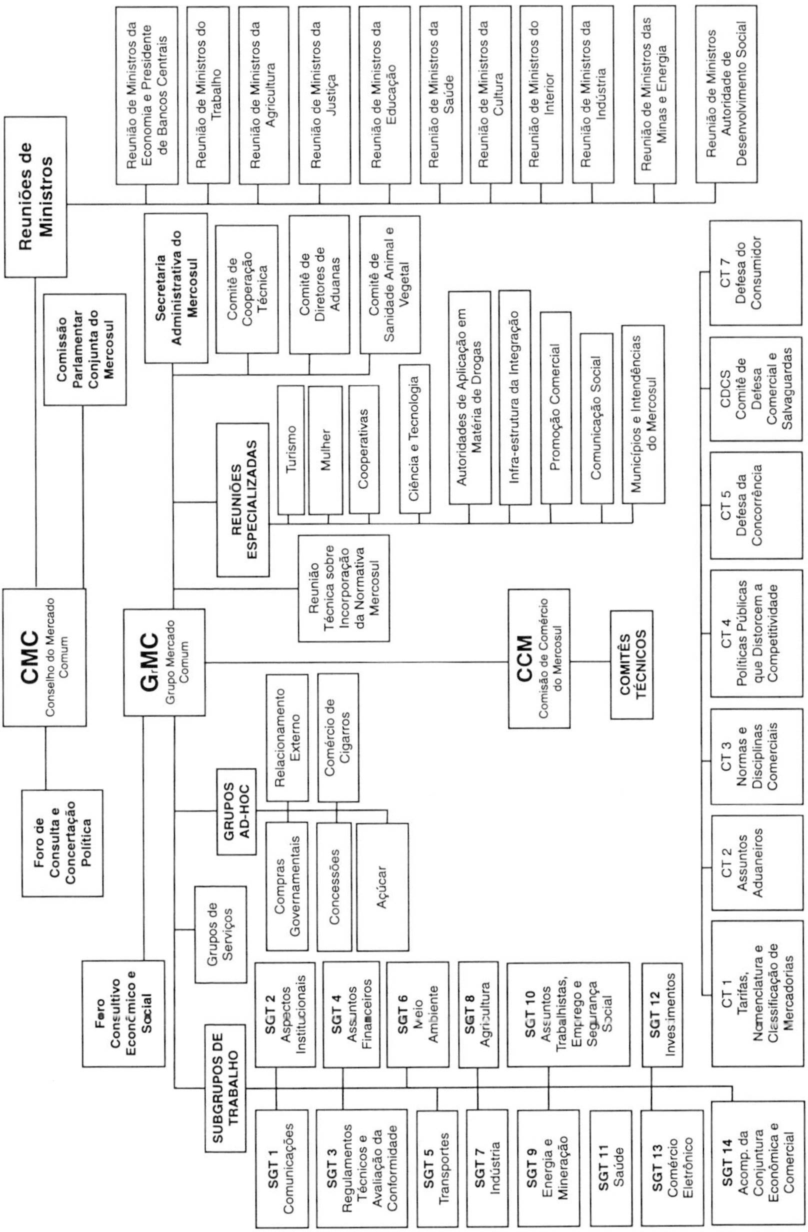

A INSTITUCIONALIZAÇÃO DA COMISSÃO PARLAMENTAR CONJUNTA DO MERCOSUL

A Comissão Parlamentar Conjunta do Mercosul tem como herança recente a Comissão Parlamentar Conjunta da Integração que foi criada pelo Tratado de Integração, Cooperação e Desenvolvimento assinado por Argentina e Brasil em novembro de 1988. Esta última era composta por doze legisladores de cada país, designados pelos respectivos Congressos para cumprir mandatos de dois anos. Tinha caráter consultivo e sua função principal era examinar os resultados das negociações desenvolvidas pelos representantes dos governos, de forma a fazer as recomendações necessárias antes de enviá-los aos respectivos poderes legislativos para ratificação.

Foi a partir desse período que ficou sancionado o papel consultivo dos legisladores que integravam formalmente as instâncias da integração, cultura que se perpetuou na Comissão Parlamentar Conjunta do Mercosul, que foi instituída pelo capítulo VI, artigo 24 do Tratado de Assunção, com a finalidade de "facilitar o avanço na conformação do Mercado Comum" (Tratado de Assunção, 1991). Sua principal função seria acelerar a tramitação legislativa dos acordos estabelecidos pelas negociações realizadas pelo CMC, pelo GMC e pela CCE referentes à integração no âmbito de cada país-membro.

Afirmou-se também no Tratado de Assunção (1991) que os "Poderes Executivos dos Estados partes manterão informados aos respectivos Poderes Legislativos sobre a evolução do Mercado Comum", mas não ficou tacitamente especificado o modo como seria realizada essa troca de informações, muito menos qual seria realmente o papel da CPC.

Essa indefinição também se manteve no Regimento Interno do GMC, que no seu capítulo II, referente a atribuições e responsabilidades, afirma ser função dele "estabelecer os vínculos necessários com a Comissão Parlamentar Conjunta, prevista no Artigo 24 do Tratado de Assunção" (Almeida, 1998).

Diante dessa situação, os parlamentares designados para participar da reunião da CPC realizada em Montevidéu, em 6 de dezembro de 1991, aprovaram um Regulamento Interno estabelecendo suas prerrogativas conforme o que já vinha sendo desenvolvido até aquele momento na Comissão Parlamentar para a Integração, incluindo que a CPC deveria garantir a plena vigência das instituições democráticas no Mercosul (Carneiro, 1994), o que implicaria ampliar seu papel dentro do processo decisório. Como sabemos, essa situação não foi alcançada até o momento.

Tantas indefinições tornaram a CPC um órgão mais discursivo do que ativo, que não conseguiu definir para si uma agenda de intervenção efetiva nos processos de integração econômica (Drummond, 1993), ficando numa posição passiva em relação às mudanças que estavam e ainda estão se processando.

Entretanto, analisando seu Regulamento Interno temos, em seu artigo 2º, sua composição, que é de até 64 parlamentares dos poderes Legislativos de todos os países-membros, sendo até 16 representantes de cada país (com 16 suplentes) designados pelos respectivos Parlamentos nacionais, de acordo com seus procedimentos internos. A duração do mandato de cada integrante da Comissão deve ser determinada pelo seu respectivo Parlamento, desde que este não seja inferior a dois anos, "com o intuito de favorecer a necessária continuidade. A Comissão só poderá ser integrada por parlamentares no exercício do seu mandato" (Regulamento Interno da Comissão Parlamentar Conjunta do Mercosul, 1998).

No artigo 3º reiterou-se que a CPC tem caráter consultivo, deliberativo e de formulação de propostas, sendo suas atribuições:

a) acompanhar a marcha do processo de integração regional expresso na formação do Mercado Comum do Sul – Mercosul – e informar os congressos nacionais a esse respeito;
b) desenvolver as ações necessárias para facilitar a futura instalação do Parlamento do Mercosul;
c) solicitar aos órgãos institucionais do Mercosul informações a respeito da evolução do processo de integração, especialmente no que se refere aos planos e programas de ordem política, econômica, social e cultural;
d) constituir Subcomissões para a análise dos temas relacionados com o atual processo de integração;
e) emitir recomendações sobre a condução do processo de integração e da formação do Mercado Comum, as quais poderão ser encaminhadas aos órgãos institucionais do Mercosul;

f) realizar os estudos necessários à harmonização das legislações dos Estados Partes, propor normas de direito comunitário referentes ao processo de integração e levar as conclusões aos Parlamentos nacionais;
g) estabelecer relações de cooperação com os Parlamentos de terceiros países e com outras entidades constituídas no âmbito dos demais esquemas de integração regional;
i) subscrever acordos sobre cooperação e assistência técnica com organismos públicos e privados, de caráter nacional, regional, supranacional e internacional;
j) aprovar o orçamento da Comissão e gestionar ante os Estados Partes o seu funcionamento;
k) sem prejuízo dos itens anteriores, a Comissão poderá estabelecer outras atribuições dentro do marco do Tratado de Assunção. (Regulamento Interno da Comissão Parlamentar Conjunta do Mercosul, 1998)

No tocante à divulgação de suas recomendações aos órgãos decisórios do Mercosul, a CPC buscou criar mecanismos ou práticas que pudessem levar a isso. O mais utilizado foi o trabalho de suas subcomissões, que tem fornecido subsídios para a formulação de propostas levadas aos representantes dos Poderes Executivos, como também tem levado a parcerias na formulação de seminários, os quais têm sido um espaço importante de troca de informações com outros setores da sociedade, e da criação de um Informativo Mercosul, no caso da seção brasileira da Comissão Parlamentar Conjunta em parceria com a Caixa Econômica Federal.

As subcomissões estabelecidas pela Comissão, em seu artigo 4º, são: 1. de Assuntos Comerciais; 2. de Assuntos Aduaneiros e Normas Técnicas; 3. de Políticas Fiscais e Monetárias; 4. de Transportes; 5. de Política Industrial e Tecnológica; 6. de Política Agrícola; 7. de Política Energética; 8. de Coordenação de Políticas Macroeconômicas; 9. de Políticas Trabalhistas; 10. do Meio Ambiente; 11. de Relações Institucionais e Direito de Integração; e 12. de Assuntos Culturais (Regulamento Interno da Comissão Parlamentar Conjunta do Mercosul, 1998).

Esse mesmo artigo ainda determina que outras subcomissões poderão ser criadas, assim como suprimidas algumas existentes.

Essas subcomissões têm como objetivo preparar trabalhos que subsidiem as decisões e propostas a serem enviadas pela CPC aos órgãos decisórios do Mercosul. Para isso seus integrantes reúnem-se sempre que necessário para a elaboração desses estudos ou pareceres. Cada subcomissão é integrada por dois parlamentares de cada país e seus suplentes (artigo 5º do Regulamento Interno da Comissão Parlamentar Conjunta do Mercosul, 1998).

Além das reuniões das subcomissões, os parlamentares participam das reuniões da própria CPC que, de acordo com o artigo 6º de seu regulamento, devem ocorrer em cada país e de forma sucessiva e alternada, cabendo a sua presidência ao país que sedia o encontro. No artigo 7º do regulamento, ficou determinado que as reuniões podem ser ordinárias (pelo menos duas vezes ao ano, em data a ser determinada) e/ou extraordinárias, "mediante convocação especial assinada pelos quatro presidentes" (Regulamento Interno da Comissão Parlamentar Conjunta do Mercosul, 1998) das seções nacionais dos países integrantes do Mercosul.

As convocações indicarão dia, mês, hora e local para a realização das reuniões, assim como a pauta a ser discutida, devendo a citação ser nominal, enviada com antecedência mínima de trinta dias, mediante correspondência com registro postal ou outro meio seguro. Em caso de força maior, se uma reunião programada não puder ser realizada no país previsto, a mesa diretora da Comissão estabelecerá a sede alternativa. Terão validade as sessões da Comissão com a presença das delegações parlamentares de todos os Estados-partes. Convocada uma sessão, se um dos países-membros não puder comparecer por razões de força maior, os restantes poderão reunir-se, desde que, para deliberar e decidir, seja obedecido o disposto no artigo XIII (ibidem).

Com a finalidade de divulgar seu trabalho, a CPC determinou, no artigo 9º de seu regulamento, que as sessões de suas reuniões fossem publicadas, exceto quando expressamente se decida pela sua realização em forma "reservada". Em suas atas deverão constar, segundo o Artigo 12, as recomendações aprovadas por ela.

Suas decisões serão tomadas por consenso, expresso pelo voto da maioria de seus integrantes indicados pelos respectivos Parlamentos (Artigo 13). Antes das reuniões, os temas submetidos à consideração da Comissão serão distribuídos simultaneamente a quatro relatores, um para cada Estado-parte, os quais os estudarão a fim de emitir opinião a respeito. Os relatores disporão de um prazo comum de trinta dias para emitir os relatórios por escrito, que serão distribuídos às demais delegações da Comissão pelo menos quinze dias antes da data de realização da sessão (Artigo 5º do Regulamento Interno da Comissão Parlamentar Conjunta do Mercosul, 1998), para que possam avaliá-los e tomar posições.

O Artigo 15 trata do que deve ser feito sobre a matéria apreciada nos moldes do Artigo 14, determinando que a Comissão poderá emitir recomendações sobre ela, sendo sua forma final objeto de deliberação de seus membros.

O Artigo 16 do regulamento refere-se à mesa diretora, que é composta de quatro presidentes (um de cada país), os quais se alternam de seis em seis meses para o presidente e para cada um dos três presidentes alternos há um vice-presidente, pertencente ao mesmo Estado-parte, de um secretário-geral e três secretários alternos, também pertencentes um a cada Estado-parte. A estes últimos, há ainda secretários-adjuntos para assisti-los. Essa mesa é eleita em sessão ordinária e possui mandato de dois anos. O presidente e o secretário-geral devem pertencer ao mesmo Parlamento nacional. A presidência da Comissão pode ainda instituir um grupo de apoio técnico, como órgão consultivo especial. As autoridades da CPC serão eleitas pelos respectivos membros parlamentares de cada seção nacional que a constituem.

Nos artigos 17 e 18 se regulam as formas de substituição em caso de vacância definitiva dos cargos da mesa diretora e de um membro da Comissão.

As prerrogativas do presidente da CPC, segundo o Artigo 19 do regulamento são: a) dirigir e ordenar os trabalhos da Comissão; b) representar a Comissão; c) dar conhecimento à Comissão de toda a matéria recebida; d) designar relatores mediante proposta das delegações parlamentares, para as matérias a serem discutidas; e) instituir grupos de estudo para o exame de temas apontados pela Comissão; f) resolver as questões de ordem; g) convocar as reuniões da mesa diretora e da Comissão e presidi-las; h) assinar as atas, recomendações e demais documentos da Comissão; i) gestionar doações, contratos de assistência técnica e outros sistemas de cooperação, gratuitamente, ante organismos públicos ou privados, nacionais e internacionais; e j) praticar todos os atos necessários ao bom desempenho das atividades da Comissão (Regulamento Interno da Comissão Parlamentar Conjunta do Mercosul, 1998).

As funções do secretário-geral, determinadas pelo Artigo 21, são: a) assistir a presidência na condução dos trabalhos da Comissão; b) atuar como secretário nas reuniões da Comissão e elaborar as respectivas atas; c) preparar a redação final das recomendações da Comissão e sua tramitação; d) custodiar e arquivar a documentação da Comissão; e e) coordenar o funcionamento dos grupos de estudo instituídos (ibidem).

No Artigo 22 estão as funções dos secretários-adjuntos: assistir os secretários-gerais quando estes o solicitarem e os substituírem nos casos de ausência, impedimento ou vacância. Admite-se também a possibilidade de a CPC criar uma secretaria permanente.

Em seu Artigo 23 temos a seguinte determinação: "A Mesa Diretora terá poder executivo para instrumentar o estudo das políticas deliberadas pela Comissão. Terá ainda a seu cargo o relacionamento direto com os órgãos institucionais do Mercosul e transmitirá ao plenário da Comissão toda informação que receba deste" (ibidem).

Esse artigo é importante para a análise que faremos em seguida, o da tomada de decisões no Mercosul, pois dispõe sobre o relacionamento da Comissão com os órgãos institucionais do Mercosul.

Nas Disposições Gerais temos que os idiomas oficiais da Comissão são o espanhol e o português (Artigo 24) e que esse regulamento entraria em vigor a partir da data de sua aprovação, *ad referendum* da ratificação dos Parlamentos dos Estados-partes cujas normas constitucionais assim o exijam (Artigo 25).

Todas essas disposições do Regulamento Interno da CPC foram elaboradas com o intuito de garantir um funcionamento adequado aos seus propósitos, refletindo assim, pelo menos em parte, os interesses dos próprios Poderes Legislativos no processo de integração, o que, como veremos na seção seguinte, ao demonstrarmos como ocorre o processo decisório no Mercosul, acabou por impossibilitar uma atuação mais efetiva dos atores políticos brasileiros e, guardadas suas peculiaridades, dos outros países-membros também.

O PROCESSO DECISÓRIO

O processo institucional de tomada de decisões no Mercosul foi reafirmado pelo Protocolo de Ouro Preto que, em seu artigo 2°, deixou estabelecido o seguinte: "São órgãos com capacidade decisória, de natureza intergovernamental, o Conselho do Mercado Comum, o Grupo Mercado Comum e a Comissão de Comércio do Mercosul" (Protocolo de Ouro Preto, 1994).

Isso significa que, por lei, as decisões no Mercosul são tomadas pela interação entre esses três órgãos, que, para estabelecê-las, tendem a incorporar as demandas e as exigências das sociedades civis dos países-membros no tocante ao processo de integração regional e, na medida do possível, responder a elas. Portanto, fica excluída a possibilidade institucional de a CPC, bem como dos grupos sociais e econômicos presentes no FCES e também do recém-criado Foro de Consulta e Concertação Política, participar na formulação e tomada de decisões no Mercosul.

Nesse sentido, o órgão superior na estrutura institucional do Mercosul é o CMC. Suas funções principais são a condução política e a tomada de decisões. Para desempenhá-las, ele necessita das informações fornecidas pelas estruturas burocráticas, que efetivamente participam e coordenam a integração, ou seja, daquelas informações fornecidas pelos Ministérios das Relações Exteriores e da Fazenda e pelos Bancos Centrais de cada país-membro. Pelo Artigo 11 do Protocolo de Ouro Preto pode-se observar que estes, por sua vez, participam do Grupo Mercado Comum (GMC).

Pode-se dizer então que para o CMC tomar qualquer decisão, ele deve interagir com o GMC, trocando informações, recomendações e pareceres. Já o GMC é o órgão executivo do Mercosul, com a função de zelar pelo bom funcionamento do cotidiano da integração regional. Para isso, no tocante às questões comerciais, principalmente para a regulação da tarifa externa comum (TEC), criou-se a CCM, que é umbilicalmente vinculada ao GMC. Logo, apesar de aparecer com poder decisório na estrutura institucional do Mercosul e exercê-lo por meio de diretrizes, sua vinculação ao GMC deixa evidente sua subordinação. Uma prova disso é que seus quatro membros titulares (e seus alternos) são coordenados pelos respectivos Ministérios das Relações Exteriores dos países-membros, os quais também coordenam o GMC e são representados neste, juntamente com os Ministérios da Economia e dos Bancos Centrais. Portanto, pode-se constatar que a CCM acaba exercendo sua capacidade decisória na medida em que esta esteja em consonância com as resoluções do GMC, o qual é subordinado ao CMC. A maior prova disso é o trabalho cooperativo que vem sendo exercido por esses três órgãos. Não queremos dizer com isso que a situação sempre será assim, pois, como organizações, essas estruturas burocráticas possuem objetivos e, em determinado momento, podem ter interesses internos conflitantes. Contudo, não é a análise interna e os conflitos que aí ocorrem que pretendemos enfatizar aqui, mas sim as interações entre esses órgãos institucionais no Mercosul para a determinação de decisões em seu âmbito.

Sendo assim, para que o CMC decida alguma questão, ele necessita de certo número de informações, o que, por sua vez, implica consultas a outras esferas tanto do governo como da sociedade civil, como outros ministérios, o setor privado, o Parlamento etc. Essas consultas, em grande medida, são realizadas pelo GMC por intermédio dos subgrupos de trabalho (SGT)[3] e pela CCM, a qual tem suas funções voltadas, como já dissemos, ao setor comercial.

É por isso que os debates realizados pelos subgrupos de trabalhos, assim como as propostas formuladas pelo CCM e suas diretrizes, são enviados ao GMC, que os analisa para, logo em seguida, recomendar ao CMC propostas para novos acordos a serem formalizados entre os membros do Mercosul.

Dessa maneira, é fácil notar que o GMC possui um papel de destaque no aprofundamento e na consolidação do Mercosul. Quando não diretamente, pelo menos indiretamente na figura dos Ministérios das Relações Exteriores dos países-membros da integração regional, pois todos os assuntos a serem decididos no Mercosul, de alguma forma, devem ter a intervenção dele.

3 Atualmente os subgrupos de trabalho são os seguintes: 1. Comunicações; 2. Mineração; 3. Regulamentos Técnicos; 4. Assuntos Financeiros; 5. Transportes e Infra-estrutura; 6. Meio Ambiente; 7. Indústria; 8. Agricultura; 9. Política Energética; 10. Assuntos Trabalhistas, Emprego e Seguridade Social (Cartilha do Mercosul, 1996, p.15).

Pode-se perceber assim que nessa estrutura institucional há um desequilíbrio de poder no processo de integração, pois o Poder Legislativo não possui capacidade de iniciativa, tornando-se um órgão de consulta e auxílio do Executivo, que por suas estruturas burocráticas – no caso do Mercosul, os Ministérios das Relações Exteriores e da Economia e o Banco Central – domina todo o processo de tomada de decisões. O Poder Legislativo deixa de ser obrigatório; o controle que poderia exercer transforma-se apenas em poder de encaminhar, "por intermédio do Grupo Mercado Comum, Recomendações ao Conselho do Mercado Comum" (Protocolo de Ouro Preto, Artigo 26, 1994).

Logo, as atribuições da CPC nem sempre acabam se transfomando em realidade. Apesar de o Protocolo de Ouro Preto, de dezembro de 1994, ter estabelecido que o CMC e o GMC iriam sempre passar informações à CPC, esta teve dificuldade em obtê-las. Segundo o deputado federal Amaury Müller (PDT-RS) (1994), apesar das tentativas de contribuição da CPC, esta recebeu suporte tímido do Ministério das Relações Exteriores do Brasil, não chegando a se consolidar o diálogo efetivo entre essas duas instâncias; pouco fez para a criação de um Parlamento regional, encontrando limites para sua própria operacionalização; e suas relações com entidades privadas ainda são muito limitadas, não havendo um bom intercâmbio de informações entre essas instâncias. Apesar de que nos últimos dois anos essa realidade se encontra em mutação.

Muitas vezes os trabalhos realizados no interior da CPC não possuem nenhum suporte financeiro da Câmara Federal ou do Senado, ou mesmo do governo, o que dificulta e limita sua realização de forma mais eficaz porque os recursos dela são limitados (Müller, 1994).

Levando em consideração que a CPC foi criada para a participação e a representação dos Parlamentos nacionais dos países-membros, e que são neles que ocorrem, em grande medida, a atuação dos atores políticos brasileiros em busca da representação de seus interesses e dos grupos econômicos e sociais que os apóiam pela eleição de seus parlamentares, o processo decisório na estrutura institucional do Mercosul, limitando, claramente, o papel da CPC, cria um paradoxo, em que esta última, ao ser o órgão de representação política dos Legislativos nacionais no Mercosul, fica obstruída de exercer essa mesma representação.

Assim, fica afastada a participação direta dos Parlamentos, e conseqüentemente dos atores políticos, os quais detêm a representação política das populações nacionais de cada país-membro nas decisões relacionadas à integração regional.

Isso significa que os rumos do Mercosul acabam sendo definidos a partir de uma estrutura institucional centralizadora, na qual o que realmente determina são as negociações no âmbito dos Executivos nacionais e de suas estruturas burocráticas (ministérios, bancos centrais etc.), que têm o auxílio da Secretaria Administrativa do Mercosul (SAM). Esta possui um papel fundamental no processo de tomada de decisão, apesar de não ter capacidade decisória, pois ao ser subordinada hierarquicamente ao GMC e tendo suas atividades determinadas por ele, ela é o órgão responsável por produzir as condições necessárias para que as decisões possam ser alcançadas. Suas funções principais, como vimos, são organizar os aspectos logísticos das reuniões do CMC, do GMC e da CCM e, dentro de suas possibilidades, dos demais órgãos. Essa posição garante-lhe uma influência indireta nas decisões tomadas, já que garante toda a logística necessária aos órgãos que irão realmente decidir.

O Fórum Consultivo Econômico-Social (FCES), como vimos, é o órgão de representação dos setores econômicos e sociais e deve ser integrado por igual número de representantes de cada país-membro, os quais fazem parte da chamada sociedade civil. Fazem parte de sua composição representantes das entidades empresariais, dos sindicatos e de organizações não-governamentais.

O Fórum, da mesma forma que os subgrupos, não integra o processo decisório, sendo um órgão de consulta, de discussão e de formulação de propostas. Suas proposições devem ser encaminhadas ao GMC, que poderá aceitá-las ou não. Em caso positivo, elas são levadas ao CMC para decisão final. Assim, a efetiva participação no processo decisório dos atores não-governamentais também fica afastada.

Resumindo: as decisões no Mercosul tendem a ocorrer por meio da interação entre os três órgãos institucionais com capacidade decisória: o CMC, o GMC e a CCM. Em última instância quem decide é o CMC. Para isso ele recebe as informações necessárias do GMC, que é o órgão executivo do Mercosul criado para conduzir o cotidiano da integração regional. Nessa função é auxiliado pela CCM, que cuida das questões comerciais, principalmente da TEC (tarifa externa comum), a qual é imprescindível para se alcançar um mercado comum. A CPC possui um papel propositivo no Mercosul, exercido por meio de recomendações, que são encaminhadas por intermédio do GMC ao CMC, as quais nos últimos anos têm crescido bastante. O FCES desempenha a função de dar representatividade à sociedade civil dos países-membros do Mercosul e manifesta-se mediante recomendações ao GMC e à SAM enquanto burocracia, oferece o apoio operacional necessário para o funcionamento do Mercosul, responsabilizando-se pela prestação de serviços aos seus demais órgãos.

Nessa lógica de tomada de decisões, os rumos do processo integracionista são estabelecidos exclusivamente pelos Poderes Executivos e suas respectivas burocracias nacionais de cada país-membro. Não há efetivamente a possibilidade institucional de participação e atuação dos atores políticos nem da sociedade civil na integração regional, os quais também não têm se mobilizado nesse sentido, excetuando o caso daqueles setores afetados negativamente.

No próximo capítulo, além da questão da impossibilidade criada pela estrutura institucional do Mercosul para atuação de outros atores no processo decisório, iremos buscar compreender as motivações que levam tanto os partidos políticos quanto os parlamentares brasileiros[4] a não se interessar pela atuação no processo de integração regional, a não ser quando interesses setoriais que os apóiam em nível nacional o exijam. Nesse caso, pela análise da questão do açúcar no Mercosul, vamos demonstrar como ocorre a atuação desses atores políticos.

4 Os nossos atores políticos neste livro.

4 A ATUAÇÃO DOS ATORES POLÍTICOS BRASILEIROS NO MERCOSUL

> *Hasta ahora, los partidos políticos han tenido un rol pasivo en el proceso de integración: han apoyado casi por unanimidad los tratados de Asunción y Ouro Preto, han constituido las comisiones Parlamentarias Mercosur y han sido observadores en algunas reuniones negociadoras. El creciente impacto de la legislación comunitaria en la vida cotidiana de nuestros conciudadanos exige un mayor compromiso y una más directa participación en la conducción del proceso integrador.* (Guelar, 1997)

> *Hacia el interior de los partidos políticos, el Mercosur no es un tema que movilice un gran número de legisladores, por lo general es dejado en manos de un par de diputados y senadores dentro de cada partido. Algunos parlamentares intervienen esporádicamente para introducir reinvindicaciones locales o de alguna de las distintas regiones de los países. Los parlamentares, tanto de Argentina como de Brasil, dividen su semana en una parte dedicada a su actuación en los Parlamentos y en las comisiones, los días martes, miércoles y jueves, mientras que reservan el resto de su semana para atender a sus bases electorales. Los pocos legisladores que tienen una participación más intensa tienen que coordinar en sus agendas el tiempo dedicado a la Comisión Parlamentar Conjunta del Mercosur, con sus compromisos con la "gente del partido" y con sus bases electorales.* (Alvarez, 2000)

Inicialmente apresentaremos o conceito de partido político que estamos utilizando nesta pesquisa. Como estamos tratando de partidos e parlamentares brasileiros, analisaremos também como está organizado o sistema partidário no país, pois acreditamos que ele pode interferir na organização e, portanto, no modo de atuar de cada partido tanto no âmbito nacional como na integração regional.

Logo após, demonstraremos a lógica de incorporação pelos partidos políticos brasileiros em suas agendas do tema Mercosul, enfatizando que eles não se prepararam como organizações políticas para atuar e influir no andamento do processo de integração regional.

Em seguida, tratamos da atuação dos parlamentares brasileiros no âmbito da Comissão Parlamentar Conjunta, indicando que esses atores, como os partidos políticos, também não se prepararam para atuar e influir no Mercosul, tendo, portanto, atuações débeis, próximas da nulidade, não desempenhando, assim, o papel de representar nem os parlamentos nacionais nem os grupos econômicos e sociais que os apóiam nacionalmente via os marcos legais estabelecidos pelo processo de integração regional.

Em grande medida, como salientamos no terceiro capítulo, isso ocorre pelo fato de a estrutura institucional estabelecida pelo Tratado de Ouro Preto não proporcionar capacidade decisória ao Poder Legislativo no Mercosul. Logo, tanto os partidos políticos como os parlamentares brasileiros tendem a não identificar na Comissão Parlamentar Conjunta um *locus* adequado para suas atuações, pois elas, muito provavelmente, não se transformariam em votos.

Além disso, o Mercosul ainda é um processo em desenvolvimento e não afetou completamente o cotidiano da sociedade brasileira como um todo. Assim, os grupos beneficiados pelo processo buscam crescentemente retirar proveito da situação, não se organizando para a defesa da manutenção da integração regional, a não ser em momentos esporádicos de ameaças de rupturas. Ao passo que aqueles afetados negativamente tendem a se mobilizar mais facilmente, organizando-se para defender seus interesses afetados pelo processo integracionista.

Nesse sentido, tendem a se mobilizar em torno de questões localizadas, nas quais seus interesses estejam ameaçados, pressionando, muitas vezes, nacionalmente, os partidos políticos e parlamentares que apóiam.

No nosso entender, uma dessas questões localizadas de grande relevância é o conflito em torno da questão da liberalização do açúcar no Mercosul. Ao observá-la, pudemos perceber que realmente os grupos econômicos e sociais ligados à produção e comercialização desse produto no Brasil pressionaram os partidos políticos e os parlamentares que os representam nacionalmente, levando-os, de modo bastante peculiar, a atuar na proteção dos seus interesses setoriais no Mercosul.

Os desdobramentos e as conseqüências dessa atuação dos partidos políticos e dos parlamentares brasileiros no Mercosul é o que apresentaremos no decorrer deste capítulo. Além disso, aproveitamos para ressaltar a importância tanto da influência do plano doméstico nas negociações internacionais e vice-versa, como sugerido por Putnam (1993), quanto da problemática dos custos distributivos gerados pela natureza da formulação da política externa no sistema internacional contemporâneo e em processo de integração regional ressaltado por Soares de Lima (2000).

CONCEITO DE PARTIDO POLÍTICO E SISTEMA PARTIDÁRIO BRASILEIRO

O conceito de partido político que utilizamos nesta pesquisa emerge, principalmente, das obras de dois autores: Umberto Cerroni (1982) e Max Weber (1996).[1]

Para Cerroni, partido político é "aquele conjunto que podemos definir como uma máquina organizativa mais um programa político" (1982, p.13) estruturado e articulado a ponto de ser sancionado em um documento escrito (cf. Michels, s. d.).

Logo, o partido político não é redutível à parte política e o seu nascimento não deve ser relacionado somente à formação dos primeiros parlamentos e das instituições representativas, pois o partido político "tem uma dimensão histórico-teórica que ultrapassa claramente a experiência constitucional da França e da Grã-Bretanha: é um fenômeno histórico mundial" (Cerroni, 1982, p.13).

1 Privilegiaremos os conceitos cunhados por esses autores, o que não implica excluir outros, que também podem vir a ser importantes para nossos objetivos.

Para compreendê-lo adequadamente, deve-se partir da análise do desenvolvimento organizativo do movimento operário até a constituição dos partidos socialistas, pois estes nasceram com a criação de uma máquina organizativa e de um programa político (Cerroni, 1982; Michels, s. d.; Duverger, 1970).

Durante esse desenvolvimento organizativo do movimento operário, Cerroni (1982) observou três fases: a primeira ele chamou de fase pré-política, na qual houve uma agregação corporativa dos proletários para, unidos, se defenderem da sociedade moderna; a segunda fase, chamada de intra-uterina, caracteriza-se pelo fato de o movimento operário se constituir como um partido hostil ao Estado, ou seja, uma parte – partido político – no todo – Estado (nessa fase ele ainda não se propõe como defensor dos interesses gerais da nação), sendo "capaz de dirigir os membros da classe, mas ainda não é capaz de se tornar um 'fundador de Estados'" (p.16); na terceira fase, denominada extra-uterina ou estatal, os interesses de classe combinam-se com os interesses gerais da nação e o partido torna-se uma totalidade, estando preparado para exercer o poder do Estado de forma hegemônica.

Assim, o partido político surge como um instrumento de articulação entre interesses que agem no âmbito do Estado, buscando constituir-se como poder hegemônico nele, visando transformar a sociedade como um todo de acordo com suas prerrogativas programáticas.

No caso do partido socialista, essa transformação visaria, principalmente, à ligação entre a democracia política e a democracia social, pondo fim à separação existente entre direitos políticos e direitos sociais. Total e hegemônico no Estado, ele estaria pronto para garantir uma sociedade mais justa e democrática para todos os cidadãos.

Essa visão de hegemonia não implica, necessariamente, uma homogeneidade, mas uma forma de governar que estabeleça modos de consenso e de aceitação das diversidades. Portanto, a conquista do poder não deve conduzir a um governo ditatorial, mas, pelo contrário, a um governo que garanta a liberdade política e social, para que todos possam ter a chance de lutar pela hegemonia de suas idéias no Estado, desde que organizados em partidos políticos.

Segundo Neumman (1963, p.597),

> *En resumen, podemos definir al "partido político" en general, como una organización articulada de los agentes activos de la sociedad, de aquellos que se interesan por hacerse com el poder del Gobierno y que rivalizan por obtener el apoyo popular com outro grupo o grupos que mantienen puntos de vista opuestos. Por su naturaleza es el gran intermediario que une a las fuerzas y ideologías de la sociedad con las instituciones oficiales del Gobierno, poniéndolas en relación con una acción política en el seno de la totalidad de la comunidad política.*

Minimizando as divergências ideológicas, tanto para Neumman (1963) quanto para Cerroni (1982), o partido político, entre outras coisas, necessariamente tem a função de estabelecer a conexão entre os governantes e os governados em um contexto democrático. Neumman sugere que para isso o partido político deve ainda ter como função organizar o caos da vontade popular, educar o cidadão para suas responsabilidades políticas e, concomitantemente, selecionar os dirigentes.

Para Weber (1996, p.228), os partidos políticos são considerados:

> *formas de "socialización" que descansando en um reclutamiento (formalmente) libre, tienen como fin proporcionar poder a sus dirigentes dentro de una asociación y otorgar por ese medio a sus miembros activos determinadas probabilidades ideales o materiales (la realización de fines objetivos o el logro de ventajas personales o ambas cosas).*

Ou seja, os partidos políticos são formas de "*socialización*" entre indivíduos com o objetivo de conquistar ou influir na direção de determinada associação, sendo mecanismos organizados para a conquista do poder em benefício de seus dirigentes e de seus quadros. Abaixo desses aparecem os membros ativos do partido. Em seguida surgem as massas não associadas, que são solicitadas somente em épocas de eleições – votações – ou na orientação para o recrutamento do quadro dirigente em casos de luta efetiva pelo poder.

Ainda segundo Weber, os partidos são ideológicos ou "compe- tem um contra o outro incluindo em seus programas as exigências das quais esperam o maior impacto" (1974, p.26).[2] Em geral, segundo esse autor, os partidos combinam os dois modelos, mas, em última instância, o partido político é mesmo em qualquer caso uma forma de agrupamento entre indivíduos com a finalidade de conquistar o poder no interior de uma associação.

Desse modo, os "*'programas' objetivos no es raro que sólo sean medio de reclutamiento para los que están fuera*" (Weber, 1996, p.229).

Outro fator importante no conceito de Weber é que os partidos políticos somente alcançam sua forma moderna com a constituição representativa, ou seja, os partidos políticos modernos são frutos do Estado nacional e do Parlamento, existindo na medida em que esses existem.

A utilização dessas referências conceituais nesta pesquisa ocorre pelo fato de no Brasil existirem partidos constituídos das duas maneiras, ou seja, no Parlamento e fora dele.

Os partidos constituídos no Parlamento – como são, por exemplo, PFL e PSDB – geralmente podem ser considerados máquinas eleitorais para a conquista ou a manutenção do poder em benefício de determinados grupos, muitas vezes com origem parlamentar, aproximando-se do conceito weberiano. Veremos a efetividade dessa afirmação na próxima seção.

Em relação aos partidos constituídos fora do Parlamento – como é o PT –, podemos observar que sua atuação pode estar articulada

---

2 Logo, eles "*pueden ser formas de 'socialización' efémeras o de cierta duración, y aparecer como asociaciones de toda clase y forma, séquitos carismáticos, servidumbres tradicionales y adeptos racionales (racionales con arreglo a fines, racionales con arreglo a valores, 'según una concepción del mundo'). El acento de su orientación puede inclinarse más hacia intereses personales o más hacia fines objetivos. Prácticamente pueden dirigirse, oficialmente o de hecho, de un modo exclusivo al logro del poder para el jefe y la ocupación de los puestos administrativos en beneficio de sus propios cuadros (partido de patronazgo). O pueden estar dirigidos predominantemente y de modo consciente por intereses de estamentos o clases (partidos estamentales y clasistas), por fines objetivos concretos o por principios abstractos (partidos ideológicos=concepciones del mundo). La conquista de los puestos administrativos en favor de sus miembros suele ser por lo menos un fin accesorio y los 'programas' objetivos no es raro que sólo sean medio de reclutamiento para los que están fuera*" (Weber, 1996, p.228-9).

a organizações e movimentos sociais presentes no âmbito das sociedades inseridas no Mercosul, ou seja, tais partidos possuem base social bem definida e buscam representá-la no processo de integração regional independentemente de cargos políticos a serem conquistados. Essa peculiaridade indica que ambas as formas de partido podem atuar e representar os interesses de sua base eleitoral de maneiras diferenciadas, como poderemos observar mais adiante.

Em seguida, refletiremos sobre as características próprias da organização do sistema partidário brasileiro, que, no nosso entender, deve ser realizada a partir das relações entre os partidos políticos, o sistema eleitoral[3] e o Estado (Campello de Souza, 1990).

A Constituição brasileira de 1988 exige a vinculação partidária como requisito básico de elegibilidade, admitindo ser o partido político o único canal de acesso a cargos eletivos, atribuindo-lhe, portanto, o monopólio da representação política no país.

Além disso, a Constituição estabelece que a representação no Congresso Nacional seja parlamentar e não partidária, garantindo, ainda, a possibilidade do funcionamento de bancadas partidárias e blocos parlamentares (Lima Júnior, 1993), mas não de partidos políticos.

Paralelamente, a legislação eleitoral adota a combinação de representação proporcional e sistema de lista aberta. No tocante ao sistema de lista aberta, o eleitor vota em um deputado, sendo o seu voto intransferível a outros. As cadeiras são distribuídas aos partidos conforme o número de votos conquistados pelo conjunto de seus candidatos e, logo após, em cada partido, de acordo com o número de votos de cada candidato.

Pode-se observar que esse sistema incentiva o individualismo nas campanhas, pois o prestígio e o poder de um candidato estão relacionados com a capacidade de obter votos em grandes proporções (Mainwaring, 1991). Na tabela seguinte buscamos construir um exemplo para analisar mais facilmente a questão:

3 Entendido como normas e regras que disciplinam a conduta dos candidatos e partidos em pleitos eleitorais.

Tabela 1 – Simulação de um resultado eleitoral no sistema partidário brasileiro

Partidos Candidatos	A	B	C
1	80.000	50.000	19.500
2	75.000	40.000	16.000
3	60.000	38.000	11.000
4	40.000	33.000	9.000
5	32.000	28.000	7.000
6	20.000	23.000	6.500
Total de votos do partido	307.000	212.000	69.000
Sobras	17.000	30.000	11.000
Número de cadeiras conquistadas	5	3	1
Quociente	58.000		

Tendo em vista que o quociente[4] de votos necessários para o partido ter direito a um representante no Parlamento no nosso

4 O quociente eleitoral é estabelecido do seguinte modo: divide-se o número total de votos válidos (nominais e em legendas) pelo número de vagas na Câmara dos Deputados. Se, por exemplo, o número total de votos válidos em uma eleição com 10 deputados for 11.400, o quociente eleitoral será 11.400/10, ou seja, 1.140. Depois de determinado o quociente eleitoral, calcula-se o quociente partidário. Com o quociente partidário, sabe-se quantas vagas cada partido vai ter na Câmara. Se, por exemplo, a eleição tem dois partidos, Pa e Pb, o cálculo é feito, para cada partido, da seguinte forma: divide-se o número de votos válidos (que o partido obteve, nominal ou em legenda) pelo quociente eleitoral. Assim, se Pa obteve 6.400 votos, o seu quociente partidário equivalerá a 6.840/1.140, ou seja, 6. O Pa, portanto, terá 6 vagas na Câmara dos Deputados. Considerando, então, que o Pb obteve 4.560 votos, o seu coeficiente partidário será 4.560/1.140, ou seja, 4. Serão eleitos deputados, dessa forma, os seis candidatos mais votados do Pa e os quatro mais votados do Pb. Mesmo que o sexto mais votado do Pa tenha menos votos que o quinto mais votado do Pb, será eleito o candidato do Pa, pois seu partido obteve mais cadeiras na Câmara dos Deputados.

exemplo é de 58 mil votos, torna-se fácil notar, pela tabela, que o partido A, com uma votação de 307 mil votos, teria direito a cinco cadeiras, sobrando ainda 17 mil votos. O partido B, com um total de 212 mil votos, teria direito a três cadeiras, com uma sobra de 38 mil votos. Já o partido C teria direito a uma cadeira, restando-lhe 11.000 votos. Entrecruzando os resultados dos três partidos, teremos que o candidato nº 6 do partido A, com 20 mil votos, não se elegeu, porém o primeiro candidato do partido C, com 19.500 votos, conseguiu sua eleição. A situação torna-se ainda mais grave quando comparamos o candidato nº 4 do partido B, com 33 mil votos, não eleito, com o primeiro do C, com 19.500 votos e eleito.

Além disso, a legislação não prevê nenhuma regra a respeito da troca de partido pelo parlamentar, sendo-lhe permitido fazer tantas trocas quantas desejar, não havendo necessidade nenhuma de vínculo entre o parlamentar e o programa do partido político pelo qual venha a se eleger.

Paradoxalmente, o partido político é apresentado ao eleitorado como uma entidade que representa seus interesses. A filiação partidária faz parte dessa lógica. Mas, como vimos, a fidelidade partidária deixa de ser parte do compromisso do representante depois de eleito. Esse sistema de relações nos leva a concluir que, pelo menos formalmente, o representante tem um enorme grau de autonomia perante o partido e seu eleitorado, pois "criou-se uma situação que, de forma crua, assim se configura: para fora do Legislativo, é claro, vale o partido, que se organiza e se regula como quiser; porém, dentro do Legislativo o que conta é o parlamentar" (Lima Júnior, 1993, p.95).[5]

Para os partidos, essa lógica eleitoral e de representação se traduz em disputas entre seus candidatos. Estes são levados a conquistar um grande número de votos para garantir suas eleições. As disputas que deveriam ocorrer entre os partidos ocorrem no interior

5 Lima Júnior (1997, p.125) volta a reafirmar essa máxima em outra publicação ao concluir que "a Carta Magna alterou significativamente o estatuto do partido político, que deixou de ser regulado pelo direito público e perdeu o monopólio da representação no Legislativo, uma vez que essa é detida, de fato, pelo congressista. As novas regras permitem, inclusive, que os legisladores se organizem em blocos para atuarem no interior dos corpos legislativos".

deles. Muitas vezes, quando essas disputas são acirradas, um candidato de um partido pode ser extremamente bem votado e não se eleger, pelo fato de o número de votos alcançados pelo conjunto dos candidatos não ter atingido o quociente necessário para a garantia de mais uma cadeira, a qual, na ordem de classificação final dos candidatos do partido, caberia a ele. No nosso exemplo, é justamente o que ocorre com o candidato 6 do partido A e com o candidato 4 do partido B, os quais, com um maior número de votos do que o candidato eleito do partido C, não se elegeram.

Logo, o fortalecimento do partido fica para segundo plano, pois os estímulos dados à ausência de compromisso, solidariedade e disciplina entre os candidatos contribuem para dificultar cada vez mais o processo de coesão partidária. Além disso, os partidos acabam sendo ignorados pelos eleitores que identificam no candidato sua via de representação política no Poder Executivo.

Isso leva Mainwaring (1991, p.21) a afirmar que em

> *Vários aspectos da legislação eleitoral do Brasil tem pouco ou nenhum paralelo no mundo. Nenhuma outra democracia proporciona aos políticos tamanha autonomia* "vis-à-vis" *seus partidos. Esta legislação eleitoral reforça o comportamento individualista dos políticos e tem contribuído para dificultar a construção de partidos políticos mais efetivos. O grau extremamente baixo de lealdade e disciplina partidária encontrado na maioria dos partidos (exceto em partidos de esquerda) é tolerado e encorajado por essa legislação. Entretanto, lealdade e disciplina partidária limitadas tem contribuído para o desenvolvimento singular de partidos políticos brasileiros.*

Na mesma direção, Sartori (1993, p.11) radicaliza ainda mais que Mainwaring ao afirmar que

> No mundo de hoje, é difícil encontrar um país que seja tão antipartido quanto o Brasil, tanto na teoria quanto na prática. Os políticos referem-se aos partidos como partidos de aluguel. Mudam de partido livre e freqüentemente, votam em desacordo com sua orientação e recusam-se a aceitar qualquer tipo de disciplina partidária, sob a alegação de que não se pode interferir na sua liberdade de representar os seus eleitores.

Considerando essas leituras, quanto às relações interpartidárias, podemos observar disputas constantes entre os partidos na busca de candidatos "bons de voto", que garantam o máximo de cadeiras para o partido. As mudanças constantes de partidos pelos parlamentares, em grande medida, ocorrem por essas disputas.

Para os eleitores, sua representação política fica deficitária, pois é condicionada pelas ações atomizadas de parlamentares no Congresso Nacional, e, muitas vezes, mas nem sempre, como veremos adiante, esses parlamentares apropriam-se do mandato delegado pelo povo para defender seus próprios interesses e dos grupos que apoiaram suas campanhas.

Como a maioria dos parlamentares tem o objetivo de se reeleger e, para isso, necessita do apoio político e financeiro das suas bases eleitorais, sua atuação no Congresso Nacional em muitos casos volta-se para a representação dos interesses[6] de uma elite regional. No caso do Mercosul, parece ocorrer o mesmo, como observaremos na última seção deste capítulo, ao tratar do caso da liberalização comercial do açúcar.

Samuels (1997, p.501) afirma então que

> Os candidatos que podem levantar contribuições de campanha a partir de uma rede de apoio e que muitas vezes são ligados ao governo ... estão bem situados na disputa pelo voto pessoal. Esses candidatos, provavelmente, procurarão constituir ou ingressar em partidos mais liberais em relação às campanhas personalistas e que enfatizem menos a legenda.

É esse o caso de partidos como PFL, PMDB, PTB e PSDB. O contrário também é verdadeiro, como ocorre com o PT.

Observa-se aqui mais um ponto de distorção na representação política da população brasileira, ou seja, os grupos em condições de exercer pressões sobre partidos e parlamentares terão maiores possibilidades de serem representados.

Essa lógica parece repetir-se, quase sem modificações, no Mercosul, como veremos.

Além dela, deve ser considerada a relação do Estado com os partidos políticos no Brasil. A literatura sobre o assunto sugere

6 Interesses em sentido amplo, ou seja, políticos, econômicos, culturais, sociais, clientelistas etc.

que o caráter centralizador do Poder Executivo no país tende a criar obstáculos para o fortalecimento partidário.

Desse modo, tendencialmente, os partidos políticos brasileiros deixam de realizar a ligação entre sociedade civil e governo, tão importante nos contextos democráticos, detendo-se a atuar no sentido da luta efetiva pela conquista do poder político no Estado.[7]

Em oposição a essas visões, Carey & Shugart (1992, 1998) sugerem que, nas últimas décadas do século XX, houve mudanças no funcionamento das democracias partidárias. Entre elas, provavelmente a mais importante é a de que as experiências ininterruptas e cotidianas de governos democráticos por longos anos estão deslocando para a arena governamental (o Estado) o *locus* de legitimação e sustentação dos partidos. A principal conseqüência dessa nova realidade é a ampliação das bases de desenvolvimento das organizações partidárias[8] antes limitadas aos vínculos sociais tradicionais presentes na sociedade civil, como o movimento dos trabalhadores.

Nessa perspectiva, Meneguello (1998, p.27) afirma que:

> se de um lado o declínio dos partidos define-se no campo da representação e é marcado pela crescente perda da capacidade de constituição de vínculos sociais estreitos, de outro lado as relações entre partidos e o Estado estabelecem um importante *locus* de sustentação e de legitimação dessas organizações e vêm promovendo uma significativa alteração no seu perfil em direção à redefinição e à priorização das suas funções. O Estado adquiriu um papel crescente como elemento regulador da vida e do funcionamento dos partidos e as experiências de governo vêm ampliando as bases de seu desenvolvimento organizacional através dos recursos políticos ali produzidos.

Meneguello (1998, p.36) completa seu raciocínio afirmando que "em linhas gerais, a participação de partidos na arena governa-

7 No caso do Mercosul, como não há essa disputa pela conquista do poder, os partidos políticos não têm incentivo nenhum para interferir em seus rumos. Na próxima seção, desenvolveremos um pouco mais esse raciocínio.

8 Essas novas bases para o desenvolvimento partidário seriam a arena congressual (o parlamento) e a arena governamental (burocracia estatal), além da clássica arena partidária e eleitoral vinculada à sociedade civil.

mental define-se basicamente por uma dinâmica segundo a qual, através da obtenção de cargos (ministérios), os partidos e os políticos viabilizam a realização de suas políticas, entendidas como interesses e necessidades de grupos organizados".

Geralmente, esses cargos ficam com aqueles partidos com sustentação eleitoral, que detêm a maioria no governo, ocupando uma posição de destaque no estabelecimento das bases prioritárias para a relação entre os poderes executivos e legislativos (ibidem, p.26).

No caso brasileiro, ainda segundo Meneguello (1998), essa situação vem se caracterizando desde a abertura democrática, quando o PFL e o PMDB e, mais tarde, o PSDB, o PTB e o PPB, passaram a conquistar a maioria dos votos populares, o que os qualifica para fazer parte do governo, que, dirigido pelo Poder Executivo, procura distribuir ministérios e cargos de segundo escalão entre esses partidos principais para terem seus projetos aprovados, impossibilitando, assim, na maioria das vezes, uma oposição efetiva no país.

Não cumprir tais regras custa caro ao Poder Executivo, o qual geralmente perde sua sustentabilidade até chegar à ingovernabilidade, podendo ser até mesmo impedido, como ocorreu com Fernando Collor de Mello, o único e primeiro presidente brasileiro após a abertura democrática que não soube compor sua base distribuindo cargos no governo.

Meneguello (1998) sustenta que todos os outros governos, até o primeiro mandato de Fernando Henrique Cardoso, souberam construir suas bases de governo baseadas na distribuição de cargos conforme a sustentação eleitoral de cada partido político.

Sendo assim, Meneguello (1998, p.20) conclui que, em vez de partidos fracos e débeis – como sustentam Lima Júnior (1993, 1997), Sartori (1993) e Mainwaring (1991), entre outros –, "os partidos brasileiros figuram como agentes centrais do processo democrático, são elementos necessários à organização e ao funcionamento dos governos e retiram da dinâmica governamental recursos para o seu desenvolvimento". Em outras palavras, os partidos políticos brasileiros até podem ser débeis na articulação de interesses por meio dos vínculos sociais tradicionais, mas nas outras arenas, como a governamental e a congressual, eles são bastante ativos e articulados.

Figueiredo & Limongi (1999), ao tratarem da nova ordem constitucional brasileira, sugerem que há uma continuidade legal entre o regime autoritário e o regime democrático no país. Isso porque

> Os poderes legislativos obtidos pela presidência ao longo do regime autoritário não foram revertidos ... o poder Executivo, em razão dos poderes legislativos que possui, comanda o processo legislativo e, dessa forma, mina o próprio fortalecimento do congresso como poder autônomo. O resultado é a atrofia do próprio Legislativo e a predominância do Executivo, principal legislador de jure e de fato. (Figueiredo & Limongi, 1999, p.175)

Além disso, "o Congresso se revela disposto a facilitar a tramitação das matérias presidenciais e, sobretudo, a remover possíveis obstáculos à ação presidencial" (Figueiredo & Limongi, 1995, p.176), o que culmina em um círculo vicioso em que o Executivo torna-se capaz de ditar o conteúdo, o tempo e o ritmo dos trabalhos no âmbito do Legislativo, que rejeita muito mais suas próprias matérias do que as do Executivo.

Essa situação decorre, em grande medida, da garantia constitucional que o Poder Executivo possui de editar e reeditar decretos-leis – as medidas provisórias[9] –, que lhe garante independência do "Legislativo para que atos legislativos de sua autoria entrem em vigor" (ibidem, p.178), bem como da organização interna dos trabalhos legislativos, dominada pela mesa diretora da casa e do Colégio de Líderes. Além disso, em áreas específicas, é garantida a exclusividade ao Poder Executivo para legislar,[10] como a questão do orçamento.[11]

No tocante à organização interna dos trabalhos legislativos, o

---

9 "Art. 62. Em caso de relevância e urgência, o Presidente da República poderá adotar medidas provisórias, com força de lei, devendo submetê-las de imediato ao Congresso Nacional, que, estando em recesso, será convocado extraordinariamente para se reunir no prazo de cinco dias.
Parágrafo único. As medidas provisórias perderão eficácia, desde a edição, se não forem convertidas em lei no prazo de trinta dias, a partir de sua publicação, devendo o Congresso Nacional disciplinar as relações jurídicas delas decorrentes" (Constituição Brasileira de 1988, 2000).

10 Artigos 61 e 84, incisos III e XXVI.

11 Sem dúvida alguma, além desses citados, há muitos outros fatores que potencializam essa situação. Porém, na nossa opinião, estes são os principais.

regimento interno da Câmara dos Deputados confere ao Colégio de Líderes o papel de auxiliar a mesa diretora da casa. Nessa função, esse colegiado, juntamente com o presidente da mesa, elaboram a agenda com a previsão das matérias a serem apreciadas. E é de acordo com essa agenda que o presidente designa a ordem do dia (Regulamento Interno da Câmara dos Deputados, 2000, artigo 17).

Isso ocorre porque as manifestações dos líderes dos partidos no Colégio de Líderes são consideradas manifestações da sua bancada, o que proporciona a eles posição privilegiada para influenciar a direção dos trabalhos legislativos, o que fazem efetivamente por meio do recurso de urgência e "urgência urgentíssima", que altera o fluxo ordinário das matérias. "Em termos práticos, a aprovação da solicitação de urgência significa que a matéria é retirada da comissão e incluída na ordem do dia para apreciação do plenário" (Figueiredo & Limongi, 1999, p.179).

Assim, "através de um recurso excepcional, o Colégio de Líderes deve cuidar para que as demandas administrativas dos poderes Executivo e Judiciário sejam atendidas" (Figueiredo & Limongi, 1997, p.196). Pode-se dizer que ele cumpre devidamente essa função.

Como conseqüência,

> o Executivo define a agenda do Legislativo e determina o conteúdo da produção legal. O Congresso mostra-se incapaz de levar adiante sua própria agenda. A agenda do Executivo segue uma rota excepcional e passa em tramitação urgente, enquanto a agenda do Legislativo segue a via das comissões e do poder terminativo. Grande parte dela encontra a resistência do Senado. (ibidem, p.196)

Logo,

> A iniciativa legislativa e a capacidade de controlar a agenda decisória se concentram inteiramente nas mãos do Executivo e do Colégio de Líderes. O grosso do trabalho legislativo efetivo passa a largo da contribuição da maioria dos parlamentares. Não há, portanto, incentivo para que participem. Tampouco se desenvolvem e se institucionalizam as instâncias decisórias em que essa participação poderia a vir ser mais efetiva, as Comissões. O círculo se fecha. As expectativas se realizam e justificam a necessidade da centralização e da delegação dos poderes legislativos à presidência. (Ibidem, p.200)

Ainda segundo Figueiredo & Limongi (1999), a forte e marcante preponderância do Executivo sobre o Congresso é acompanhada da disposição para cooperar deste último, que, geralmente, vota de maneira disciplinada, de acordo com a indicação e o encaminhamento das votações por parte de seus líderes no Colégio de Líderes.

Esta última prerrogativa regimental é uma oportunidade assegurada para que os líderes informem publicamente como seus partidos devem votar. "Trata-se, a um só tempo, de um posicionamento oficial do partido e uma orientação à bancada" (Limongi & Figueiredo, 1999, p.101) que, em geral, majoritariamente, segue as indicações da liderança.

Com isso, Figueiredo & Limongi (1999, p.115) consideram que existe uma clara interdependência entre a preponderância legislativa do Executivo, o padrão centralizado de trabalhos legislativos e a disciplina partidária, pela qual:

> O Executivo domina o processo legislativo porque tem poder de agenda e esta agenda é processada e votada por um Poder Legislativo organizado de forma altamente centralizada em torno de regras que distribuem direitos parlamentares de acordo com princípios partidários. No interior deste quadro institucional, o presidente conta com os meios para induzir os parlamentares à cooperação. Da mesma forma, parlamentares não encontram o arcabouço institucional próprio para perseguir interesses particularistas. Ao contrário, a melhor estratégia para a obtenção de recursos visando retornos eleitorais é votar disciplinadamente.

Nesse sentido, afirmam ainda que

> o princípio adotado para a distribuição de direitos parlamentares é partidário. Líderes, em questões de procedimento, representam suas bancadas. A distribuição interna do poder em ambas as casas é feita de acordo com princípios de proporcionalidade partidária, como é o caso do centro de poder no interior do Legislativo: a Mesa Diretora, cujos cargos são distribuídos pelos partidos de acordo com a força de suas bancadas. A Presidência da Mesa cabe ao partido majoritário. O Presidente da Mesa, como se sabe, dirige os trabalhos do plenário e conta com amplos poderes para decidir questões controversas. Da

> mesma forma, a composição das comissões técnicas obedece ao princípio da proporcionalidade partidária e a distribuição dos parlamentares pelas comissões é feita pelos líderes partidários. (1997, p.91)

Para completar, "a limitação à apresentação de emendas e seu controle pelos líderes partidários tolhem a ação dos deputados, retirando-lhes a possibilidade de perseguir com sucesso os interesses específicos de seu eleitorado a partir de uma estratégia individual" (Figueiredo & Limongi, 1997, p.93).

Enfim, alinhados a Meneguello (1998), Figueiredo & Limongi (1997, 1999) concluem que os deputados comportam-se no Congresso de acordo com a posição tomada por seus partidos, os quais, em suas atuações em plenário, seguem um padrão ideológico bastante definido, tornando claras suas identidades.

Ou seja, os partidos políticos brasileiros "apresentam uma faceta parlamentar mais estruturada do que supõe a literatura" (Figueiredo & Limongi, 1997, p.499). Apesar de a legislação eleitoral e partidária alimentar estratégias individualistas e antipartidárias, no Congresso não há solo fértil para seus desenvolvimentos. Portanto, os partidos políticos brasileiros podem parecer frágeis e débeis, mas na realidade são extremamente bem estruturados e possuem muito mais força política do que se imagina.

Sem dúvida alguma, ambas as leituras que vimos até aqui têm seu fundo de realidade. Contudo, cremos que não são inteiramente corretas, na medida em que baseiam-se somente em aspectos parciais do sistema político brasileiro – a primeira, como a legislação eleitoral e a lei orgânica, que disciplina a organização e o funcionamento dos partidos políticos, ou seja, a arena partidária e eleitoral, e a segunda, no funcionamento interno das instituições legislativas e governamentais, ou seja, na arena congressual e governamental – para determinar as leis gerais de comportamento e atuação dos partidos políticos e dos parlamentares no país.

A primeira, como pudemos observar nas análises de Sartori (1993) e Mainwaring (1991), sustenta que os partidos brasileiros são fracos e não determinam a agenda política do país e que por isso seus parlamentares, como legisladores, os utilizam apenas como meio para alcançar o poder, não lhes devendo absolutamente nenhuma satisfação.[12]

A segunda, em contraposição, como pudemos observar na visão de Meneguello (1998) e Figueiredo & Limongi (1997, 1999), sustenta que os partidos políticos podem parecer frágeis e débeis, mas na realidade são muito bem estruturados e possuem muito mais força política do que se imagina. Além disso, "figuram como agentes centrais do processo democrático, [e] são elementos necessários à organização e ao funcionamento dos governos e retiram da dinâmica governamental recursos para o seu desenvolvimento" (Meneguello, 1998).

Acreditamos que a oposição aparente entre ambas as leituras não tem vínculos sólidos na realidade. Isso porque elas buscam impor sua análise particular, que é importante e nos revela muitos aspectos do objeto de estudo, a uma análise global da totalidade política que visam compreender. O resultado disso é a sobreposição do que é particular à totalidade, generalizando-o como única possibilidade de conhecimento científico. Ambas as leituras partem de premissas isoladas e particulares, e não levam em consideração a totalidade do fenômeno em estudo.

Na realidade, ou seja, levando em consideração a totalidade de variantes possíveis no sistema político brasileiro, por um lado, como vimos anteriormente, os partidos políticos são frágeis e débeis, pois "cumprem mal sua função democrática de agregar interesses da sociedade, não se sentem responsáveis perante o eleitorado nem são capazes de tomar iniciativa de propor políticas necessárias ao reordenamento socieconômico do país" (Santos, 1997, p.340).[13] Isso implica coligações partidárias de suporte governamental voláteis.

---

12 Nessa linha, há outros autores que também chamam a atenção para o grau de descontinuidade dos partidos e dos sistemas partidários formados ao longo do período republicano, para a complexidade das formações partidárias, em razão tanto da heterogeneidade política e cultural (predominância de grupos regionais intrapartidários) quanto do baixo grau de estruturação interna, da falta de enraizamento social (partidos sem caráter ideológico e/ou de classes), do papel preponderante, como já salientamos, do Estado na figura do poder executivo na organização e na representação de interesses. Nessa direção, ver Campello de Souza (1990), Novaes (1994), Wagner (1995), Lima Júnior (1997), Chacon (1985), Franco (1974), Lamonier & Cardoso (1975) e Fleischer (1981).

13 Comprovaremos isso na próxima seção, ao demonstrar a atuação dos partidos políticos brasileiros no Mercosul.

Por outro lado, o Poder Executivo tem o domínio do processo legislativo, determina a agenda do Congresso e detém a iniciativa dos projetos relevantes para o reordenamento socioeconômico do país. Para tanto, é auxiliado pelo Colégio de Líderes que, entre outras funções, possui regimentalmente o papel de conduzir os trabalhos legislativos juntamente com a mesa diretora da Câmara dos Deputados, bem como de orientar as bancadas partidárias no momento da votação, como vimos.

São essas prerrogativas do Colégio de Líderes que proporcionam às lideranças no âmbito do Congresso Nacional um meio eficaz para impor aos parlamentares tanto a linha ideológica quanto a forma de atuação do partido político, pois, por meio delas, a liderença controla e decide quais projetos serão examinados na Câmara.

Assim, atuar em desacordo com a liderança do partido significa que, muito provavelmente, o parlamentar nunca terá a possibilidade de ter um projeto seu apreciado no Congresso. Logo, não terá nenhuma condição de representar seus eleitores. Mesmo parlamentares obedientes à liderança remotamente conseguem ter um projeto seu aprovado.

Isso porque, como vimos, o Congresso trabalha muito mais na aprovação dos projetos propostos pelo Poder Executivo, sobrando-lhe muito pouco tempo para apreciar seus próprios projetos. E quando isso ocorre, geralmente examinam-se os projetos dos parlamentares que fazem parte da liderança e daqueles que compõem a cúpula do partido e que concentram um poder maior de influência e/ou que já conhecem o processo de encaminhamento de projetos na burocracia interna.

A alta renovação do Parlamento brasileiro a cada nova eleição faz parte dessa lógica, pois os parlamentares que constituem a cúpula partidária sempre terão a garantia de liberação de verbas para seus projetos do orçamento da União. Essa posição lhes garante o cumprimento de suas promessas aos seus eleitores e, conseqüentemente, sua reeleição. Portanto, a estruturação e a força política dos partidos políticos brasileiros derivam da lógica interna do Parlamento e beneficiam apenas a cúpula do partido – o alto clero.

A maioria dos parlamentares – o baixo clero –, nas votações simbólicas, tende a seguir a indicação de seus líderes, votando de acordo com o partido na espera de que isso venha a beneficiá-los mais tarde com uma possível aprovação de algum projeto de sua autoria.

Nas votações nominais, contudo, que geralmente ocorrem com projetos que visam à mudança da Constituição e influenciam interesses múltiplos defendidos pelos parlamentares, eles tendem a não levar em consideração a lógica apresentada anteriormente, pautando-se em uma atuação individualizada, como sustenta Sartori (1993).

Isso volta a demonstrar o lado frágil dos partidos políticos brasileiros, que fica explícito na sua falta de capacidade de manter coligações governamentais sólidas, obrigando, muitas vezes, o Poder Executivo a "negociar com o Congresso, muitas vezes arduamente, tendo freqüentemente, de construir maiorias a cada votação" (Santos, 1997, p.209), além de ser derrotado em outras, como ocorreu recentemente em razão da disputa pela presidência do Senado e da Câmara dos Deputados entre os "aliados" no início de 2001.[14]

Assim, na nossa compreensão, há duas lógicas sobrepostas no sistema político brasileiro, as quais determinam, conforme a situação, a força e/ou a debilidade dos partidos políticos, estabelecendo que as leituras que vimos anteriormente são antes complementares do que opostas.

Isso porque, nos momentos eleitorais, na tarefa de articular interesses presentes na sociedade civil para representá-los no governo e, sobretudo, no desenvolvimento de propostas políticas necessárias ao reordenamento socioeconômico do país, os partidos políticos brasileiros tendem a ser débeis, fracos e pouco atuantes.

No âmbito do Parlamento, todavia, graças ao Regulamento Interno do Congresso Nacional, como vimos, os líderes partidários possuem algumas garantias regimentais que lhes servem para aglutinar os parlamentares de seus partidos, acumulando força política para estes, que, em última instância, tem sido utilizada em

14 Outro exemplo claro dessa lógica ocorreu nas votações das chamadas Reformas do Estado, quando o governo brasileiro buscou, pela manobra de destituir seus ministros-parlamentares, para que eles pudessem votar a seu favor, garantir a maioria no Congresso e, por conseqüência, sua vitória. Num desses episódios o então ministro-deputado Antônio Kandir confundiu-se com o novo sistema eletrônico de soma de votos, recém-adotado, e votou erroneamente, impondo a derrota ao governo por apenas um voto.

prol da própria cúpula partidária. Essa situação caracteriza-se principalmente em casos em que a matéria em discussão não desloca interesses econômicos, políticos e sociais já consolidados pela Constituição brasileira.

Do contrário, a tendência dos parlamentares é buscar o máximo de ganhos possíveis individualmente em troca de votos para a aprovação dos projetos do governo. Tais ganhos podem ser tanto em atos de corrupção quanto em aprovação de projetos, minimizando o papel do partido político.

Portanto, como já afirmamos, temos que, conforme a situação, os partidos políticos assumem características de força e/ou debilidade.

No caso do Mercosul, isso se mantém, pois, quando não há nele choque de interesses de grupos econômicos e sociais, o processo de integração regional tende a avançar. Nessa situação, os partidos políticos e os parlamentares brasileiros, majoritariamente, surgem como débeis, fracos e pouco interessados, como veremos na seção seguinte, pois proporcionam ao Poder Executivo toda a liberdade para a tomada de decisões.

Contudo, quando há choques de interesses entre particulares de países diferentes que atuam no mesmo setor econômico, os partidos políticos e os parlamentares de cada país tendem a se mobilizar a favor dos grupos econômicos e sociais que as apóiam em nível nacional, pois isso pode transformar-se em votos, como veremos na última seção deste capítulo ao analisarmos o caso do açúcar.

Antes disso, veremos nas próximas seções como, na maioria das vezes, a lógica que prevalece é a da debilidade, da fragilidade e do pouco interesse por parte dos partidos políticos e dos parlamentares brasileiros no Mercosul, em razão de diversos fatores, entre eles os institucionais, que vimos no capítulo anterior, e a lógica eleitoral que aprofundaremos adiante.

A ATUAÇÃO DOS PARTIDOS POLÍTICOS BRASILEIROS NO MERCOSUL

Desde o início do processo de integração, os partidos políticos e os parlamentares brasileiros não se mobilizaram para participar efetivamente do movimento em curso. Isso pode ser explicado por três razões principais: a) não estava claro ainda como essa cooperação seria realizada; b) o processo de democratização nacional em curso tanto na Argentina como no Brasil deu origem a demandas que mobilizavam amplamente partidos, parlamentares e políticos; e c) no Mercosul não há luta efetiva por poder, pois seu processo decisório é dominado pela burocracia estatal.

A preocupação com a agenda interna implicou falta de atenção da sociedade e de seus representantes na questão da organização institucional do processo de integração, dando relativa autonomia aos negociadores brasileiros e argentinos para direcionar o processo integracionista de acordo com suas próprias concepções.

É certo que esse desenvolvimento não é específico do Mercosul. Como analisa Schmitter (1998), a adesão dos partidos e dos políticos à integração tem a ver com o grau de retorno que o debate sobre a integração proporciona do ponto de vista de prestígio e de resultados eleitorais.

Portanto, a atuação dos atores políticos, em geral, e dos partidos políticos e dos parlamentares, em particular, é condicionada pelos impactos provocados pela integração. Nossa análise parte da idéia de que quanto maior é a sensibilidade dos atores políticos em relação às decisões e aos efeitos do Mercosul, maior será sua mobilização e vontade de influenciar o processo. Logo, à medida que o Mercosul for incorporado ao cotidiano da sociedade, aumentará a sua importância na agenda política nacional e nas dos partidos políticos e dos parlamentares brasileiros.

Estes últimos parecem condicionados por essa lógica que podemos chamar de reativa, à espera de eventuais impactos, atendo-se a uma postura tradicionalista de tratar a integração regional como um tema de política externa e, portanto, como assunto da alçada do governo federal e de sua diplomacia. O Mercosul ainda não foi incorporado como uma questão importante na sua estratégia de ação política. Assim, os debates nas comissões e nos plenários do Senado e da Câmara dos Deputados têm se limitado, quase sempre, à aprovação dos acordos internacionais assinados pelo governo sem oposição, salvo raras exceções.

Dois motivos podem ser atribuídos a essa não-assimilação da questão da integração: a) a amplitude da agenda nacional; b) a concepção de que a definição da política externa não cabe, em princípio, aos partidos políticos e aos parlamentares. Ambas as razões estão intimamente ligadas.

Tradicionalmente, os partidos políticos brasileiros consideram prioritário o que comumente chamam de grandes temas nacionais. Em linhas gerais, podem ser descritos como: no âmbito econômico, a estabilização, o crescimento, a diminuição do desemprego, a dívida externa; na esfera política, a reforma dos sistemas político e partidário, o "pacto federativo"; na esfera social, a melhor distribuição de renda, a educação, a saúde, o combate à violência. A democracia e sua consolidação são o pano de fundo de todas essas discussões.

Nessa agenda, a política externa fica relegada a um segundo plano dentro do Congresso. Isso é possível porque existe uma estrutura burocrática federal voltada exclusivamente para essa questão, que é o Ministério das Relações Exteriores. Este, mais que uma burocracia, é uma escola de pensamento e de formulação de estratégias de inserção internacional com ampla experiência e reflexão sobre a política externa brasileira. Apesar disso, como discute Soares de Lima (1994), e apesar da crença na continuidade e no consenso, houve mudanças significativas no posicionamento internacional do Brasil, proporcionadas pelas modificações das relações políticas internas.

Portanto, há uma lógica no desinteresse dos partidos políticos e na sua concentração na agenda nacional. O problema, contudo, é que o Mercosul foge dessa divisão de atribuições. Por um lado, é um assunto de política externa elaborado e coordenado pelo Ministério das Relações Exteriores. Por outro, seus efeitos estão diretamente ligados às questões nacionais. À medida que a integração se aprofunda, cada vez mais o Mercosul influencia o cotidiano das sociedades e exige posicionamentos claros de seus representantes. Sendo o Brasil o maior dos países do bloco, essa influência é proporcionalmente menor, mas não deixa de ter o seu peso.

Apesar disso, em geral, os partidos políticos brasileiros mostram-se debilmente preparados para enfrentar os novos desafios, não tendo posição firmemente estabelecida em relação às diferentes dimensões do processo de integração regional.

Essa afirmação foi comprovada pela análise das posturas e da lógica de incorporação do tema Mercosul em suas agendas pelos partidos políticos brasileiros presentes na seção brasileira da Comissão Parlamentar Conjunta do Mercosul, tanto na sua 50ª Legislatura do Parlamento brasileiro, 1995 a 1998, integrada por representantes dos maiores partidos nacionais (Quadro 2), quanto na 51ª (Quadro 3).

Quadro 2 – Distribuição dos partidos e parlamentares na Comissão Parlamentar Conjunta do Mercosul (1995-1998)

Partidos	Parlamentares	Função	UF
PMDB	José Fogaça	Senador	RS
PMDB	Casildo Maldaner	Senador	PR
PMDB	Paulo Ritzel	Deputado	RS
PMDB	Valdir Colatto	Deputado	SC
PFL	Wilson Kleinubing	Senador	SC
PFL	Romero Jucá	Senador	RR
PFL	Paulo Bornhausen	Deputado	SC
PFL	Luciano Pizzato	Deputado	PR
PPB	Osmar Dias	Senador	PR
PPB	Espiridião Amin	Senador	SC
PPB	Júlio Redecker	Deputado	RS
PPB	Dilceu Sperafiro	Deputado	PR
PSDB	Lúdio Coelho	Senador	MS
PSDB	Franco Montoro	Deputado	SP
PTB	Emília Fernandes	Senadora	RS
PT	Miguel Rosseto	Deputado	RS

Fonte: Encarte da Comissão Parlamentar Conjunta (1996, p.3).

Quadro 3 – Distribuição dos partidos e parlamentares na Comissão Parlamentar Conjunta do Mercosul (1999-2002)

Partidos	Parlamentares	Função	UF
PMDB	José Fogaça	Senador	RS
PMDB	Casildo Maldaner	Senador	SC
PMDB	Roberto Requião	Senador	PR
PMDB	Confúcio Moura	Deputado	RR
PMDB	Germano Rigotto	Deputado	RS
PFL	Jorge Bornhausen	Senador	SC
PFL	Geraldo Althoff	Senador	SC
PFL	Ney Lopes	Deputado	RN
PFL	Santos Filho	Deputado	PR
PSDB	Álvaro Dias	Senador	PR
PSDB	Pedro Piva	Senador	SP
PSDB	Nelson Marchezan	Deputado	RS
PSDB	Feu Rosa	Deputado	ES
PPB	Júlio Redecker	Deputado	RS
PTB	Emília Fernandes	Senadora	RS
PT	Luiz Mainardi	Deputado	RS

Fonte: Câmara dos Deputados (2000) (www.camara.gov.br); Senado Federal (2000) (www.senado.gov.br).

É interessante notar que, com exceção de dois, todos os representantes eram dos Estados das regiões Sul e Sudeste e/ou que fazem fronteira com os demais países do Mercosul; deve-se acrescentar o fato de o representante de São Paulo, em razão da preponderância de seu Estado na questão industrial e comercial, estar fortemente interessado no assunto. Essa mesma distribuição repetiu-se na seção brasileira da Comissão Parlamentar Conjunta do Mercosul na 51ª Legislatura iniciada em 1999 e concluída em 2002 (Quadro 3).

Novamente verificamos que, com exceção de três, os legisladores pertencem a Estados geograficamente ligados ao Mercosul. Essa distribuição geográfica reflete provavelmente o maior interesse da opinião pública dos Estados do Sul em relação aos temas referentes à integração.

Analisamos os programas dos partidos presentes na seção brasileira da Comissão Parlamentar Conjunta do Mercosul por serem os que maior peso possuem no tema da integração. Pela leitura desses documentos, pode-se notar que nenhum deles incorporou a questão do Mercosul especificamente, abordando algumas vezes o tema da integração regional, porém de forma genérica.

O programa do Partido do Movimento Democrático Brasileiro (PMDB), aprovado em Convenção Nacional no dia 21 de maio de 1994 e ratificado para publicação e registro na Convenção Nacional de 24 de março de 1996, estabelece em seus princípios básicos que o partido pretende, no plano das relações internacionais, defender, "intransigentemente, o interesse nacional, concebido como o interesse do povo brasileiro na preservação do território e da soberania nacional, no fortalecimento da autonomia cultural, da capacidade produtiva e comercial, e na defesa dos demais objetivos estratégicos do País" (Programa do PMDB, 1996, p.4). Para o PMDB, a questão da integração regional e, por extensão, do Mercosul, não está ligada à defesa do interesse nacional. A ênfase nos diversos setores da nacionalidade brasileira (cultural, econômico, político etc.) não é seguida de uma preocupação pela construção de um espaço regional compartilhado, no qual se buscaria conquistar melhores condições de sobrevivência para os povos da região.

Na visão do PMDB, o Estado nacional é predominante e possui exclusividade na determinação das relações internacionais; logo, a atuação do partido deve se orientar para a formulação e para a concretização do seu projeto nacional. Os processos de cooperação regional devem ser levados em conta na medida em que são complementares ao interesse nacional; portanto, a atuação do partido deve pautar-se na reafirmação das diferenças e dos interesses específicos:

> O PMDB considera indispensável a ativa e energética presença do Brasil na ONU, no GATT, no FMI, no Banco Mundial e outras agências internacionais, no Parlamento Latino-Americano, no Mercosul, no Pacto Amazônico, no Pacto Andino e em outras organizações e instâncias de âmbito regional buscando, acima de tudo, a solução negociada das questões internacionais e bilaterais. Mas estará permanentemente pronto a defrontar-se com as dificuldades que se anteponham ao seu projeto nacional. (Programa do PMDB, 1996, p.22)

Assim, o PMDB antecipadamente declara a supremacia do projeto nacional sobre qualquer dificuldade na cooperação regional. Esse tipo de postura limitaria a capacidade de negociação e de acomodação dos interesses. Isso sugere que o Mercosul é considerado como mais uma forma estratégica de consolidação do projeto nacional brasileiro e não como um processo de integração regional voltado para a defesa dos interesses conjuntos dos países-membros perante o cenário internacional. As teorias da cooperação internacional sugerem que a inserção do interesse nacional numa perspectiva regional é uma condição para o sucesso e o aprofundamento do processo de integração.

Essa posição pode em parte ser conseqüência da estrutura institucional do Mercosul, que concentra integralmente o poder decisório do processo na esfera dos Poderes Executivos. Assim, uma postura de autonomia ou de oposição ao governo poderia induzir a oposição ao próprio processo de integração regional. Por sua vez, a atuação dos partidos no plano nacional indica que suas próprias dinâmicas e formas de enraizamentos na sociedade contribuem para a formulação de sua política em relação ao Mercosul. O fato de o PMDB estar mais voltado para o âmbito nacional, tendo em consideração muitas vezes objetivos táticos, dificulta a percepção da importância das relações externas, incorporadas pela sociedade de forma lenta, com exceção dos momentos de crises de grande porte.

O programa do Partido da Frente Liberal (PFL) não menciona o Mercosul ou a integração regional. O PFL possui uma visão pragmática que influencia sua atuação em política exterior. O programa é conciso, composto por normas de cunho ideológico, com princípios e interpretações políticas, econômicas, sociais e culturais da realidade do país, sempre do ponto de vista que considera ser liberal. Esses princípios formam o referencial teórico do partido, do qual os parlamentares retiram as orientações concretas para sua relação com o governo e com a sociedade. Assim, a posição do PFL sobre política exterior e, particularmente, sobre o Mercosul concretiza-se apenas nos momentos em que os interesses dos membros do partido, ou das elites econômicas e sociais que este representa, são atingidos. Veremos a efetividade dessa afirmação no último capítulo, ao tratarmos da questão da liberalização comercial do açúcar no Mercosul.

Destoando dessa posição, a partir de uma proposta da embaixada argentina no Brasil,[15] o PFL iniciou uma discussão para a criação de "famílias de partidos políticos" no Mercosul, que seria logo interrompida (Alvarez, 2000). Isso porque a primeira reunião entre o PFL e os membros do Partido Justicialista (PJ), maioria no Congresso argentino, ocorrida em Brasília, frustrou-se uma vez que naquele mesmo dia o Congresso argentino aprovava a lei que proibia a compra do açúcar brasileiro pela Argentina, acusando-o de ser altamente subsidiado.

Essa lei atingia frontalmente interesses setoriais brasileiros representados pelo PFL, que cancelou imediatamente um jantar de confraternização com os representantes do PJ argentino, o qual havia sido marcado para aquela mesma noite na residência do senador Antônio Carlos Magalhães (PFL-BA), que também comemorava seu aniversário. De fato, a confraternização ocorreu, mas a delegação de políticos do PJ argentino foi desautorizada a comparecer (Alvarez, 2000). Assim, o PFL demonstrava maior interesse na representação dos interesses setoriais que o apóiam nacionalmente do que com a integração no Mercosul.

O programa do Partido da Social Democracia Brasileira (PSDB) também não menciona especificamente o Mercosul, delineando apenas diretrizes básicas em relação à política exterior brasileira. Assim, nas questões relacionadas à integração regional na América Latina, cabe à diplomacia operar para alcançar os objetivos de longo prazo do país:

> A política externa tem uma importância estratégica para o desenvolvimento do país. O Brasil deve continuar a marcar sua presença no cenário internacional pelo diálogo e por formas de relaciona-

15 *"Desde el mismo día que me hice cargo de mis funciones como titular de la representación diplomática Argentina en Brasilia, propuse a las dirigencias de los partidos políticos argentinos la cooperación de nuestra embajada para, sin exclusiones, impulsar la creación de las 'familias políticas del Mercosur', es decir, la vinculación permanente por afinidades programáticas e ideológicas de aquellos partidos que, desde el gobierno o la oposición, tienen la noble e indelegable tarea de representar a la ciudadanía y velar por el bien común"* (Guelar, 1997).

> mento externo baseados na cooperação e na não-confrontação. Os objetivos tradicionais de longo prazo da política externa brasileira – soberania, autodeterminação, segurança e integridade territorial – deverão ser afirmados no desempenho de um papel mais ativo da nossa diplomacia em questões como a integração latino-americana e a dívida externa, assim como nas gestões a favor da paz mundial. (Programa do PSDB, 1998, p.11)

A posição do PSDB, assim como a do PFL, diverge dos demais partidos políticos em razão de sua situação de partidos situacionistas nos governos do presidente Fernando Henrique Cardoso (1995-1998 e 1999-2002), o que em última instância significa serem co-responsáveis pelas negociações no Mercosul. Assim, os dois partidos acabaram acoplando-se com a posição do Estado brasileiro. Também nesse caso, sugerimos que a explicação plausível para a ausência no programa do PSDB do tema Mercosul deve-se ao fato de essa questão não ser central na agenda de discussão nacional. Na medida em que o Mercosul não surge como tema importante na vida política e social, sobretudo não sendo tema com capacidade de polarização eleitoral, sua exclusão do programa partidário tende a não trazer prejuízo, como afirma Weber (1996). Em outros termos, parece que a integração não é objeto de disputa de poder. Essa realidade vem mudando no Brasil, como pudemos observar nas últimas eleições presidenciais em outubro de 2002, quando os candidatos tiveram pela força das cirscunstâncias a necessidade de explicitar suas respectivas visões no tocante a temas de política externa em geral e Mercosul em particular.[16]

O programa do Partido Progressista Brasileiro (PPB) "Diretrizes organizacionais e administrativas para o Estado", no seu item 18, estabelece a posição do partido em relação à política externa brasileira. Segundo esse partido, nessa área o país deve sustentar a defesa de uma política que

> – observe constante respeito à autodeterminação dos povos, e a solução pacífica dos conflitos; e,

16 Nessa direção, o candidato do PSDB José Serra manifestou claramente sua intenção de fazer o Mercosul refluir.

- prestigie a ação da Organização das Nações Unidas – ONU – e os princípios consagrados em sua Carta e demais documentos dos quais o Brasil seja signatário, e defenda sua participação em condições de igualdade em todos os organismos internacionais;
- evite alinhamentos automáticos, e defenda o diálogo franco com todos os membros da comunidade internacional;
- promova crescente integração da América Latina nos planos político e econômico, visando ao fortalecimento dos pactos regionais e da comunidade continental;
- defenda maior participação dos países em desenvolvimento no benefício da riqueza e uma repartição mais eqüitativa do poder político e econômico mundial;
- garanta a proteção dos nossos recursos naturais, bem como a defesa dos preços de nossos produtos destinados à exportação, considerando-se o fortalecimento de nossa moeda e o intercâmbio comercial como fonte de divisas para o país. (Programa do PPB, 1996, p.17)

O PPB delineia pontos gerais que devem fazer parte da agenda do Estado brasileiro no tocante à sua política externa. Como no restante dos programas partidários, a integração regional é apoiada genericamente pelo PPB, que não se pronuncia sobre temas polêmicos, como o faz o programa do PSDB.

No programa e estatuto do Partido Trabalhista Brasileiro (PTB) o capítulo VI, reservado às relações internacionais, afirma:

1. A autodeterminação dos povos, a não-intervenção e a não-ingerência em assuntos internos de outros países, e a solução pacífica dos conflitos definem a postura do PTB nesse campo.
2. O PTB reconhece o estabelecimento de uma nova ordem mundial. E conclama o Brasil a usufruir seus possíveis benefícios.
3. O PTB apóia todos os movimentos destinados a promover o desarmamento internacional e a eliminação dos arsenais nucleares.
4. O PTB apóia a integração econômica e cultural dos países em desenvolvimento e defende gestões para acelerar a integração com os países da América Latina e a formação de um mercado comum latino-americano.
5. O PTB sublinha a necessidade de ocupação ordenada das regiões de fronteiras e o aporte de recursos necessários para controle aéreo, malha viária e comunicações em geral, como forma de proteger a integridade do território nacional e desenvolver estas áreas. (Programa do PTB, 1996, p.12)

Como nos programas mencionados anteriormente, o do PTB também não possui projeto específico referente ao Mercosul, limitando-se a uma agenda genérica favorável aos processos de integração regional na América Latina, tendo em vista a formação de um mercado comum latino-americano.

O Partido dos Trabalhadores (PT) expõe sua posição sobre as relações internacionais da seguinte maneira:

> Quanto à relação entre as nações, o PT defende uma política internacional de solidariedade entre os povos oprimidos e de respeito mútuo entre as nações que aprofunde a cooperação e sirva à paz mundial. O PT apresenta com clareza a sua solidariedade aos movimentos de libertação nacional e a todos os movimentos de âmbito internacional que visam criar melhores condições de vida, justiça e paz para toda a humanidade. (Programa do PT, 1998, p.3)

Apesar de enfatizar a cooperação nas relações internacionais, nesse programa não há menção ao Mercosul. Porém, é preciso ter em conta que nesse partido o tema tem sido constante objeto de debates, levando a discussões internas sobre os impactos do Mercosul para os trabalhadores, assim como em suas diferentes instâncias passou a apoiar iniciativas ligadas a essa questão. É interessante apontar que os políticos do PT que demonstram forte interesse pelo Mercosul possuem a mesma distribuição geográfica de Estado de origem dos Quadros 2 e 3.

Isso ocorre porque o PT delineia sua forma de atuar pragmaticamente em defesa política dos interesses populares. Portanto, seu programa partidário é formulado a partir da análise concreta da realidade objetiva em que os trabalhadores se encontram.

Na medida em que os trabalhadores e seus sindicatos passaram a sentir a influência do Mercosul em seu cotidiano, o PT passou imediatamente a tratá-lo como assunto de sua pauta partidária, convocando seus militantes "em diferentes Estados do país e em diferentes movimentos sociais [para] debaterem em Curitiba, de 23 a 25 de setembro [de 1993], a questão do Mercosul, o seu caráter, o seu impacto sobre a economia, a sociedade e a cultura dos nossos povos" (Partido dos Trabalhadores, Carta de Curitiba, 1993a).

Desse debate emergiram dois documentos: as "Resoluções do I Seminário Nacional do PT sobre o Mercosul" e a "Carta de Curitiba", que podem ser considerados, como expressa a correspondência de setembro de 1998 do presidente nacional do PT, José Dirceu, o programa do PT em relação ao Mercosul.

Nas "Resoluções do I Seminário Nacional do PT sobre o Mercosul" estão esboçados os pressupostos políticos para um processo de integração na ótica petista. Em destaque estão a democracia, os direitos humanos, a solidariedade entre os povos, a maior autonomia da região perante os centros de poderes mundiais, a garantia da soberania nacional dos países no processo de integração, a democratização do processo decisório, a integração em todos os níveis, a implementação dos projetos nacionais de cada país-membro articulados em uma dimensão regional, a incorporação de "mecanismos institucionais de controle sobre a atuação das empresas transnacionais no âmbito do Mercosul" (Partido dos Trabalhadores, Resoluções do I Seminário Nacional do PT sobre o Mercosul, 1993b, p.2), a promoção de políticas compensatórias aos setores negativamente atingidos pelo processo de integração, e mais 22 medidas a serem articuladas pelo partido para sua atuação no Mercosul, dentre as quais destacamos a seguinte: "4.10. O PT exigir [*sic*] da Comissão Parlamentar Conjunta a participação de todos os partidos com assento no Congresso Nacional que tenham direito a estrutura de liderança" (1993b). Essa medida demonstra o reconhecimento do PT da importância da Comissão Parlamentar Conjunta e, dessa forma, o interesse do partido em atuar e tornar essa comissão atuante no âmbito do Mercosul.

Como podemos observar, as mais variadas questões são tratadas nesse projeto. Como decorrência disso surgiu a proposta de criação de um grupo de trabalho – GT – permanente do Mercosul, "com o objetivo de estabelecer uma dinâmica de debate e produção de política do PT frente ao tema" (Partido dos Trabalhadores, Resoluções do I Seminário Nacional do PT sobre o Mercosul, 1993b, p.4). O GT foi composto por três membros do partido de cada Estado da região Sul, de um representante da bancada federal, da CUT, da Secretaria Agrária Nacional (SAN), da Secretaria de Relações Internacionais (SRI), da Secretaria Nacional Sindical e da

Secretaria Nacional de Movimentos Populares. Foi sugerido ainda que as executivas estaduais indicassem nomes para acompanhar o grupo de trabalho do Mercosul.

Para expressar esse documento à sociedade brasileira em forma de diretrizes partidárias gerais, formulou-se a "Carta de Curitiba", onde, além de enfatizar as "Resoluções do I Seminário Nacional do PT sobre o Mercosul", o partido afirmou que seu

> projeto de integração recusa a perspectiva neoliberal que procura fazer do Mercosul um projeto de curto prazo exclusivamente voltado para constituir uma área de livre-comércio, para otimizar os lucros do grande capital e utilizar a capacidade instalada do setor produtivo como plataforma de exportação para competir nos grandes mercados mundiais. (Partido dos Trabalhadores, Carta de Curitiba, 1993a)

O discurso político dessa passagem pode ser entendido como antagônico ao rumo implementado pelo governo brasileiro e seus parceiros no Mercosul, denotanto que o PT, em grande medida, procura elevar do âmbito nacional ao regional o cenário da luta efetiva pelo poder da qual é participante ativo no país. Dessa forma, as "Resoluções do I Seminário do PT sobre o Mercosul" e a "Carta de Curitiba" parecem ser mais uma forma utilizada pelo PT para marcar suas diferenças com o governo e os partidos que o apóiam na disputa pelo poder do Estado brasileiro do que, realmente, um projeto de atuação partidária no Mercosul.

Contudo, ao concluir a "Carta de Curitiba" enfatizando que "a Democracia, a defesa dos Direitos Humanos e a Carta de Direitos Sociais serão a condição básica para consolidar o processo de Integração Continental" (Partido dos Trabalhadores, Carta de Curitiba, 1993a), o PT, como expresso em seu programa político, procurou aproximar-se das centrais sindicais dos países da região, dando total apoio às reivindicações presentes na "Carta dos Direitos Fundamentais do Mercosul (Proposta dos Trabalhadores)", ou seja, mesmo indiretamente, apesar de não ser o que parece, o PT procurou estar sempre presente nas discussões relacionadas ao Mercosul.

Prova disso é o documento da Secretaria de Relações Internacionais "Notas sobre o processo de integração do Mercosul", no qual o PT, além de reafirmar as posições retiradas no I Seminário

Nacional sobre o Mercosul, que foi expresso pela "Carta de Curitiba", empenhou-se em denunciar a disputa dos países-membros em torno da alíquota da TEC ao assinarem o Protocolo de Ouro Preto, em dezembro de 1994:

> A TEC vem sofrendo grandes percalços desde sua implantação, com pressões para aumentar a "lista de exceções" por parte do Brasil, Uruguai e Paraguai; a aplicação de uma taxa de 3% sobre todas as alíquotas da TEC por parte da Argentina e, finalmente, com a deflagração da "crise das cotas" no setor automotriz, em junho passado, que originou um sério "impasse" diplomático (Menem ameaçou cancelar sua viagem ao Brasil para participar do Fórum Econômico Mundial).
>
> O que está nos bastidores destes conflitos é a disputa de mercado, de investimentos (10 bilhões de dólares no setor automotriz) e, principalmente, de empregos. A tomada de decisões nas instâncias governamentais, sem qualquer estudo e/ou consulta dos setores que seriam mais fortemente impactados, assim como a inexistência de políticas industriais, agrícolas e de projetos na área da ciência e tecnologia deixam o processo sujeito às instabilidades derivadas das políticas neoliberais predominantes nos quatro países. (Partido dos Trabalhadores, Notas sobre o processo de integração do Mercosul, 1995, p.1-2)

Por outro lado, o mesmo documento chama a atenção para as novas possibilidades no plano institucional criadas pela assinatura do Protocolo de Ouro Preto, em dezembro de 1994.

> O papel da Comissão Parlamentar Conjunta ampliou-se, tendo como função o encaminhamento de recomendações ao Conselho do Mercado Comum (CMC), órgão máximo composto pelos Ministros das Relações Exteriores e da Fazenda, por intermédio do Grupo Mercado Comum (GMC), órgão executivo [ressaltando que]. O crescimento da intervenção dos Parlamentos no processo decisório decorrerá do empenho dos partidos políticos que deverão desenvolver propostas políticas e acompanhar o desempenho dos parlamentares adequando as assessorias para uma intervenção qualificada que permita acompanhar com eficiência técnica as diversas negociações. (Partido dos Trabalhadores, Notas sobre o processo de integração do Mercosul, 1995, p.2)

Essa passagem reflete, novamente, o reconhecimento do PT da importância da Comissão Parlamentar Conjunta do Mercosul para o crescimento da intervenção dos Poderes Legislativos dos Estados-membros no processo decisório da integração regional. Para isso, o PT acredita que se faz necessário o empenho dos partidos políticos no desenvolvimento de propostas políticas e no acompanhamento do desempenho de seus parlamentares, além de preparar suas assessorias (burocracia partidária) para uma atuação tecnicamente eficiente nas diversas negociações a serem realizadas no Mercosul.

Ainda nas "Notas sobre o processo de integração do Mercosul", o PT afirma que, para a democratização do processo de tomada de decisões no Mercosul, faz-se necessária "uma ação parlamentar conjunta dos representantes de partidos da esquerda (participantes do Foro de São Paulo) para traçar uma estratégia regional que permita um verdadeiro controle popular dos órgãos executivos do Mercosul" (1995, p.2). O partido refere-se ainda ao Fórum Consultivo Econômico e Social (FCES) como uma "instância, que na verdade ainda não saiu do papel, [e que] exigirá do PT uma importante ação de articulação dos interesses da sociedade para desenhar a agenda social do Mercosul" (ibidem, p.2).

Nessa direção, o PT finaliza o documento sugerindo que:

> Os partidos políticos deverão assumir a responsabilidade na formulação de políticas públicas, que desde uma nova institucionalidade regional, permitam o cumprimento dos objetivos enunciados no Preâmbulo do Tratado de Assunção, entre outros, "acelerar o processo de desenvolvimento econômico com justiça social", "melhorar as condições de vida de seus habitantes" e "deixar estabelecidas as bases para uma união cada vez mais estreita entre seus povos". (Ibidem, p.3)

Logo, para o PT, os partidos políticos de esquerda devem ser os promotores de políticas públicas alternativas ao processo de integração até agora vigente, com a finalidade de redirecioná-lo em defesa dos interesses das populações envolvidas. O Foro de São Paulo, encontro de representantes de partidos e grupos de esquerda, deveria ser aproveitado para isso.

Seguindo essa lógica, durante o VII Foro de São Paulo (30 a 31 de julho de 1997, em Porto Alegre), uma comissão de parlamentares participantes o evento ressaltou a necessidade de aproveitar esse espaço institucional para aprofundar o intercâmbio de experiências entre os diferentes representantes das esquerdas presentes, salientando inclusive a necessidade de melhorar seus níveis de coordenação nos diversos fóruns parlamentares de caráter multilateral, como no caso do Parlamento Latino-Americano (Parlatino) e da Comissão Parlamentar Conjunta do Mercosul (Partido dos Trabalhadores, 1997). Isso vem ocorrendo nos últimos encontros do Foro de São Paulo, que já se encontra na décima primeira edição realizada em meados de 2002, a qual foi dominada pela temática da Alca.

Contudo, passados dez anos desde a institucionalização, verifica-se que a existência do Parlatino, da Comissão Parlamentar Conjunta e mesmo do Foro de São Paulo não promoveu nem mesmo um conhecimento mútuo mais aprofundado entre os partidos políticos e os Congressos da região, denotando um grau elevado de divórcio entre os discursos dos parlamentares e dos seus partidos e a realidade.

Esse grau elevado de divórcio se evidencia, justamente, com mais transparência no caso do PT, onde ocorre uma dissociação entre o que a burocracia partidária determina e o que os parlamentares do partido executam, ou seja, ao mesmo tempo em que há uma fértil discussão no plano burocrático-partidário sobre o Mercosul, no parlamentar observa-se uma freqüente apatia sobre o tema, pois os parlamentares tendem muito mais a seguir a assessoria legislativa do partido no Congresso Nacional, que praticamente não trata do assunto, para suas atuações.

Assim, apesar do debate interno permanente, verifica-se no PT a dissociação entre o que os órgãos partidários decidem e a prática parlamentar. Dito de outro modo, no PT ao mesmo tempo em que há discussão no plano interno sobre o Mercosul, no plano parlamentar observa-se uma relativa apatia sobre o tema, provavelmente atribuída às mesmas razões encontradas nos outros partidos, isto é, ao escasso rendimento eleitoral do tema.[17]

17 Entretanto, com a ascensão do PT ao governo nas eleições de outubro de 2002, muito provavelmente, como ocorreu com o caso do PSDB, a atuação do partido no tocante ao Mercosul ocorrerá a partir da sua prática cotidiana como governo. Nessa direção, podemos dizer que o PT parece que conseguirá

Podemos concluir, portanto, que os partidos políticos, tanto os governistas como os de oposição, em geral demonstram pouco interesse pelo Mercosul ou tratam esse processo como algo distante. No caso da oposição, há um discurso favorável, em princípio, à integração regional, porém crítico em relação a seu desenvolvimento atual na América Latina, posição que também tem sido a de parlamentares situacionistas, como a defendida pelo deputado André Franco Montoro (PSDB-SP), que criticou alguns aspectos, porém elaborou um parecer favorável à ratificação do Protocolo de Ouro Preto em 1995.

Como conseqüência, nos dez anos de existência da Comissão Parlamentar Conjunta, pode-se dizer que a maior dificuldade na sua atuação tem sido justamente obter o empenho dos partidos políticos e dos seus parlamentares. Além disso, há certo desconhecimento das negociações no Mercosul e um distanciamento em relação às suas instituições, que, obviamente, como já apontado, vem diminuindo nos últimos anos.

O argumento weberiano pode ser útil para entendermos a atuação dos partidos brasileiros no Mercosul. Para Weber, os partidos são ideológicos ou "competem um contra o outro incluindo em seus programas as exigências das quais esperam o maior impacto" (1974, p.26). Em geral, segundo esse autor, os partidos combinam os dois modelos, portanto o partido político é, em qualquer caso, uma forma de agrupamento de indivíduos com a finalidade de conquistar o poder no interior de uma associação. Haveria maiores possibilidades de atuar no Mercosul na medida em que as estruturas institucionais deste permitissem espaços de poder para serem conquistados em benefício de seus membros. Outra possibilidade para uma atuação mais significativa seria o *weltanschauungspartei*, a perspectiva do partido ideológico, na expressão de Weber: os membros do partido lutariam para alcançar a concretização de ideais políticos explícitos. Também nesse caso, o papel das estru-

resolver essa questão da dissociação entre seu discurso e prática, pois Lula venceu as eleições afirmando a centralidade do Mercosul e já nos primeiros dias do seu governo tem buscado uma aproximação fecunda com a Argentina (Gonçalves, 2003).

turas institucionais é importante, ainda que ligado a plataformas programáticas mais bem definidas.

De acordo com nossa análise, enquanto o processo de tomada de decisões do Mercosul permanecer concentrado no Poder Executivo, a tendência será que os partidos políticos se interessem pouco, levando os demais atores sociais a buscar outras formas de organização para representar seus interesses no processo de integração. Sem dúvida, isso limita a democratização do processo.

Dessa maneira, podemos afirmar que, por um lado, os valores democráticos – de acordo com as regras schumpeterianas (Schumpeter, 1979) – tendem a se concretizar internamente em cada Estado-membro e, ao mesmo tempo, o Mercosul é um estímulo a essa mesma consolidação. Por outro, a centralização do processo decisório do Mercosul no Poder Executivo enfraquece o controle democrático sobre o próprio processo de integração, acarretando um relativo descompromisso por parte dos partidos, em razão da falta de possibilidade de instrumentalização da integração para os próprios objetivos políticos e de poder.

Ao mesmo tempo, na medida em que seus interesses extrapolam as fronteiras nacionais, crescem as expectativas de participação por parte de alguns grupos econômicos e sociais no bloco regional. Quando não encontram no Foro Consultivo Econômico-Social terreno adequado, buscam outras formas de intervenção visando favorecer seus interesses. Essa tendência está criando sérios problemas para o bloco, dificultando o aprofundamento da integração; no próximo capítulo analisamos esse fenômeno, utilizando como exemplo o caso do açúcar, no qual grupos econômicos e sociais disputam para fazer prevalecer os seus interesses, extrapolando os mecanismos institucionais de representação criados pelo próprio Mercosul. Talvez essas estratégias particulares de pressão sejam favorecidas pela débil atuação dos partidos políticos no Mercosul, inclusive na Comissão Parlamentar Conjunta.

No caso brasileiro, em particular, o sistema político contribui ainda mais para o distanciamento tanto dos partidos quanto dos parlamentares da discussão da política externa, em grande medida por esta ser impermeável às injunções do sistema partidário, em razão de sua centralização pelo Ministério das Relações Exteriores.

Tal realidade tende a transformar-se completamente na atual lógica de funcionamento do sistema internacional contemporâneo.

A ATUAÇÃO DOS PARLAMENTARES BRASILEIROS NA SEÇÃO BRASILEIRA DA COMISSÃO PARLAMENTAR CONJUNTA DO MERCOSUL

A Comissão Parlamentar Conjunta da Integração foi criada pelo Tratado de Integração, Cooperação e Desenvolvimento, assinado por Argentina e Brasil em novembro de 1988. Vimos que sua função principal era examinar os resultados das negociações desenvolvidas pelos representantes dos governos, de forma a fazer as recomendações necessárias antes de enviá-los aos respectivos Poderes Legislativos para ratificação. E que foi a partir desse período que ficou sancionado o papel consultivo dos legisladores que constituíam formalmente as instâncias da integração, cultura que se perpetuou na Comissão Parlamentar Conjunta do Mercosul criada em 1991. Ressaltamos aqui que somente essa herança não é suficiente para explicar a postura e a atuação parlamentar no Mercosul. Outro elemento igualmente significativo é o próprio comportamento dos partidos políticos, em particular dos brasileiros, em relação ao Mercosul, discutido na seção anterior, que acabou influenciando o funcionamento da Comissão.

Desde o seu início, os diversos parlamentares que já fizeram e fazem parte da Comissão Parlamentar Conjunta do Mercosul trataram de caracterizá-la como uma instituição defensora da idéia de uma integração mais ampla voltada para o aumento do bem-estar das populações envolvidas e que ultrapassasse os limites de acordos meramente comerciais. Esse modelo integracionista representaria uma extensão da democratização interna de cada país-membro para a esfera da política externa, sendo um meio eficaz de garantir a transição do Mercosul de uma associação prática para uma associação de objetivos, segundo a formulação de Nardin (1987).[18]

18 Segundo Nardin (1987), a associação de objetivos implica, de algum modo, e exagerando para indicar a direção, uma *weltanschauung* comum, ainda que

Essa preocupação pode ser verificada nos temas tratados pela CPC pela análise de suas atas, disposições, resoluções e declarações, nas quais está sempre presente o objetivo da busca da institucionalização e do avanço do Mercosul (Ata da CPC, 13.6.1996; Declaração 03, 1998; Disposição 13, 1999); a incorporacão das normas do Mercosul no âmbito nacional (Atas da CPC, 13.6.1996 e 9.12.1998; Disposição 19, 1998); a democracia e os direitos humanos (Resolução 001, 1992; Declaração 02, 1998; Disposição 18, 1998); o código aduaneiro do Mercosul (Recomendação 4, 1993); o regime automotriz; o tema do transporte terrestre e da integracão física (Recomendação 24, 1998 e Recomendação 4, 1993; Disposição 17, 1999); a questão social – refletida na carta social – (Ata da CPC, 12.11.1998; Disposição 20, 1998; Recomendação 20, 1998 e Recomendação 21, 1998);[19] o regime de patentes (Recomendação 4, 1993); a vinculação com outros processos regionais (Disposição 21, 1998 e Disposição 16, 1999); o turismo rural, a profissionalização e a cooperação para o desenvolvimento (Ata da 1ª Reunião Ordinária, 2000). Em documento mais recente o então presidente da Comissão Parlamentar Conjunta, Júlio Redecker, propôs que fossem realizadas audiências públicas para tratar de temas pertinentes ao Mercosul, convidando-se especialistas que pudessem aportar esclarecimentos, informações e, em especial, reflexões sobre a realidade do Mercado Comum do Sul (Ata da 1ª Reunião Ordinária, 2001), entre outras.

Porém, enquanto a retórica produzida pelos parlamentares na Comissão Parlamentar Conjunta se postulou claramente como partidária do estabelecimento de objetivos bastante vastos e ambi-

---

parcial. Ao contrário, os valores da associação prática referem-se àqueles necessários às relações que não envolvem nenhum fim comum, mas indicam uma situação em que os Estados estão obrigados a conviver conjuntamente, provavelmente estimulados por necessidades reais, mas sem uma perspectiva comum forte.

19 Nessa recomendação, a Comissão Parlamentar do Mercosul é explícita e sugere *"al consejo del Mercado Común, la aprobación de la Declaración Socio-Laboral del Mercosur, en la reunión de Rio de Janeiro del 10 de deciembre de 1998, por entender que su contenido permite contemplar las necesidades, principios y derechos en el área del trabajo, de los ciudadanos que integran los Estados Partes"*.

ciosos para o Mercosul, como pudemos observar, sua ação restringiu-se às determinações e indefinições impostas pelo Tratado de Assunção, sem questionar ou pressionar por uma ampliação de seu papel dentro da integração ou de seu poder no processo decisório. Acreditamos que essa assincronia entre a ação e o discurso seja um ponto central para a compreensão da participação dos parlamentares, notadamente dos brasileiros, na Comissão Parlamentar Conjunta no processo de integração regional.

Cabe lembrar que o capítulo VI do Tratado de Assunção estabelece que a função da Comissão é "facilitar o avanço na conformação do Mercado Comum" (Almeida, 1998, p.97). Permanecia o caráter consultivo da Comissão Parlamentar, não pertencendo à estrutura institucional do Mercosul e tendo como atividade principal facilitar a tramitação legislativa dos acordos e tratados. Essa indefinição manteve-se no Regimento Interno do Grupo Mercado Comum, que no seu capítulo II afirma ser função desse grupo "estabelecer os vínculos necessários com a Comissão Parlamentar Conjunta, prevista no artigo 24 do Tratado de Assunção" (Grupo Mercado Comum, 1992), sem definir de que forma isso deveria ser realizado. Essa situação mantém-se inalterada até o momento, levando os parlamentares a recomendarem o aperfeiçoamento dos mecanismos e procedimentos do relacionamento entre os órgãos decisórios do Mercosul (CMC, GMC e CCM) e a Comissão Parlamentar Conjunta com "a finalidade de garantir uma participação efetiva dos Parlamentos no processo de integração regional" (Grupo Mercado Comum, 1992).

Ao longo do período de transição, de 1991 a 1994, os parlamentares, entre eles os brasileiros, realizaram na CPC algumas reuniões e formularam recomendações e resoluções, mas seus resultados foram escassos. As propostas pouco refletiram o conjunto das preocupações da sociedade, atendo-se mais às questões econômicas e comerciais, inclusive sobre problemas de infra-estrutura, geralmente buscando soluções para facilitar e aprofundar a integração tal como estava sendo conduzida pelo Poder Executivo, apesar das críticas que parte de alguns parlamentares da Comissão fazem em suas declarações, ao analisarem o seu próprio papel. Segundo o senador Dirceu Carneiro (PSDB-SC), o Tratado de Assunção concentrou-se no aspecto mercantil, enquanto o Mercosul deveria ser pensado como um projeto mais ambicioso. Portanto, esse tratado deveria ser considerado algo preliminar, a ser complementado ao longo do tempo e pela atuação dos atores, que trariam para o âmbito da integração questões mais amplas (Carneiro, 1994).

Esse tipo de contribuição parlamentar não ocorreu. Nenhum fato ou decisão relevante ocorrido no Mercosul na década de 1990 e no início do século XXI contou com a participação dos representantes dos legislativos. Isto é, os parlamentares, pela Comissão Parlamentar Conjunta, não influenciaram decisivamente nenhuma negociação, nem foram origem da discussão de questões importantes para o desenvolvimento e consolidação da integração. Na maior parte das vezes, os parlamentares na Comissão Parlamentar Conjunta estiveram preocupados com os aspectos econômicos do processo, e suas propostas sempre foram muito amplas ou então complementares ao que já vinha sendo tratado por outras instâncias do Mercosul. Dessa forma, suas ações não representaram uma inovação porque não introduziram de forma específica e eficiente novos temas nas negociações (Mariano, 2001).

Devemos lembrar que uma possibilidade de atuação deles na Comissão, sugerida pelo senador Montoro (PMDB-SP), seria levar para o âmbito da integração as questões que refletissem as preocupações sociais, criando canais de expressão das demandas presentes na sociedade, como a transparência das negociações ou a apresentação de propostas que contemplassem interesses regionais, setoriais e políticos. Mas não foi esse o caminho trilhado pelos parlamentares no momento de concretizar suas participações. O papel da Comissão acabou fragilizado, e esta restringiu-se a ser um órgão de encaminhamento da ratificação de decisões tomadas pelos governos. Os temas tratados por eles, como já observamos, são os mesmos desenvolvidos no âmbito do Grupo Mercado Comum, que, como vimos no terceiro capítulo, é dominado pelo Poder Executivo.

Em contraposição a isso, o que se pode ressaltar é que os parlamentares no âmbito da Comissão Parlamentar Conjunta mantiveram sempre vivas em suas discussões e pronunciamentos a preocupação com a defesa da democracia e suas instituições, e a questão do respeito aos direitos humanos. Isso pode ser visto em vários documentos, particularmente nos seus primeiros anos de funcionamento:

a) na Resolução nº 001/92, tomada na reunião de 13 a 15 de maio de 1992, onde se:

- condena a continuidade das violações de liberdade, de democracia e dos direitos humanos pelo Poder Executivo do Peru em seu país;
- envia nota de solidariedade ao povo peruano por meio de seu respectivo Congresso;
- reafirma a vigência plena da democracia como um meio possível de eliminar a pobreza, a injustiça social e a corrupção na América Latina.

b) na Recomendação nº 004/92, onde se afirma que o processo de integração que levou à criação do Mercosul foi conseqüência direta da democratização do continente e especialmente do Cone Sul; segundo o Tratado de Assunção, o processo de integração está intimamente ligado à democracia, e ante as agressões que o sistema constitucional vem sofrendo no continente Latino-Americano, é preciso o fortalecimento das instituições jurídicas que nos regem. Para tal, os parlamentares por meio da Comissão Parlamentar Conjunta recomendam aos governos do Mercosul a assinatura de um Protocolo Adicional ao Tratado de Assunção no qual se estabeleça que a condição de membro do Mercosul está sujeita à vigência das instituições democráticas e ao cumprimento dos acordos de direitos humanos em seus respectivos territórios;

c) na Resolução nº 001/93, eles resolveram:

III. exortar os Governos dos Estados Partes do Mercosul a respeitar irrestritamente o sistema democrático e as suas instituições, com a firme convicção de que a ruptura da ordem democrática, em qualquer dos signatários do Tratado de Assunção, atentará contra o processo de integração regional e continental;

IV. sustentar e apoiar, por todos os meios reconhecidos pelo direito internacional, os Governos nascidos da vontade popular.

d) na Recomendação nº 004/93, onde se reafirma

> sua inquebrantável convicção de que a plena vigência do sistema democrático nos Estados Partes é condição imperativa para a consecução dos objetivos estabelecidos pelo Tratado de Assunção, em conformidade com a Recomendação nº 004/92, adotada na cidade de Córdoba, na Argentina, em 22 de maio de 1992, e com a Resolução nº 001/93, adotada em Brasília, em 5 de março de 1993.

Nessa mesma Recomendação são reafirmados os "compromissos de zelar pelos interesses das sociedades participantes do processo de integração, no exercício de sua precípua função de órgão representativo dos povos envolvidos", recomendando aos Estados partes do Tratado de Assunção:

- ter como princípio fundamental em suas relações com terceiros Estados, o apoio exclusivo aos governos legitimados pela vontade popular;
- balizar-se pela mais alta consideração para com os direitos dos trabalhadores, assegurando-lhes justa participação no processo integracionista, bem como o pleno gozo dos benefícios dele decorrentes;
- adotar medidas eficazes e céleres, dentre as quais a constituição de um Fundo Comum de Compensação, destinadas à adequação ou reconversão dos setores sensíveis de cada uma das economias, nos termos da Recomendação nº 001/93 ... ;
- proceder tão logo quanto possível, à eliminação das barreiras não-tarifárias que entravem o livre fluxo do comércio intrazonal, consoante com a Recomendação nº 002/93, aprovada pela Subcomissão de Assuntos Aduaneiros e Normas Técnicas;
- adotar medidas e procedimentos relativos à política para o setor de transportes do Mercosul, no que se refere à sua profissionalização, bem como aos controles nos postos fronteiriços, à documentação única ... e à regulamentação do transporte multimodal de cargas e passageiros. Reitera a necessidade de evitar a implementação de medidas unilaterais pelos Estados Partes, nos termos da Recomendação nº 003/93, aprovada pela Subcomissão de Transportes ...

Apesar dessas inúmeras resoluções e recomendações, pouco tem sido feito para ampliar a participação parlamentar no processo de integração. A ênfase dada à importância da democratização do Mercosul não encontrou caminhos de efetiva implementação, a não ser no momento da formulação da cláusula democrática no Mercosul. Pouca atenção foi dada a questões de interesse para a sociedade em geral, como os temas de políticas trabalhista e ambiental, por exemplo. Os parlamentares na Comissão fizeram apenas algumas alusões a essas matérias sem se aprofundar ou formular propostas mais acabadas.

Florêncio & Araújo, ao analisar por que o Mercosul não tem um Parlamento, afirmam que isso acontece porque

> seus órgãos decisórios não têm características supranacionais. Todas as decisões tomadas no âmbito do Mercosul são tomadas pelos governos nacionais, que estão sujeitos ao controle de seus respectivos Parlamentos nacionais. Não há necessidade de um Parlamento comunitário porque não há executivo comunitário. Já a Comissão das Comunidades Européias não é responsável frente aos Parlamentos nacionais dos países membros. Se não houvesse Parlamento Europeu, a Comissão não estaria sujeita a nenhum controle externo. (1997, p.74)

Se verdadeira, mesmo considerando o discutido nos itens anteriores, não se pode deixar de observar que a institucionalização de formas de controle político sobre o processo de integração poderia ser bastante aperfeiçoada.

É certo que o Protocolo de Ouro Preto, de dezembro de 1994, como vimos no terceiro capítulo, incorporou a Comissão Parlamentar Conjunta à estrutura institucional do Mercosul. Porém, de fato, na IV Reunião do Grupo Ad Hoc sobre Aspectos Institucionais, realizada em Brasília nos dias 28 e 29 de setembro de 1994, a única referência à Comissão Parlamentar Conjunta surge no item C das Recomendações sobre a Futura Estrutura Institucional do Mercosul, propondo que sejam "incorporadas à estrutura orgânica do Mercosul a Comissão de Comércio e a Comissão Parlamentar Conjunta. Considerando-se também a possibilidade de criação de um Foro Consultivo Econômico-Social". Essa recomendação foi incorporada pelo Protocolo de Ouro Preto, que no seu capítulo 1, artigo 1°, estabelece que a Comissão Parlamentar Conjunta passa a ser órgão da estrutura institucional do Mercosul.

Ainda assim as funções da Comissão Parlamentar são essencialmente semelhantes às que haviam sido estabelecidas três anos antes pelo Tratado de Assunção. Devemos ressaltar que a incorporação dessas duas comissões, a Parlamentar e a de Comércio, à estrutura orgânica do Mercosul ocorreu de forma diferente. Enquanto a Comissão Parlamentar, apesar de seus esforços e trabalhos ao longo do período de transição, permaneceu como órgão consultivo, a recém-criada Comissão de Comércio possui caráter decisório, tendo poder real no processo de tomada de decisões da integração. Os parlamentares, no âmbito da Comissão, não emitiram nenhuma opinião em relação a essa situação, mantendo-se passivos ao que fora estabelecido pelo Poder Executivo.

Essa subordinação ao Poder Executivo provocou claras reações no Parlamento brasileiro por meio de crítica do relator do parecer da Comissão de Relações Exteriores da Câmara dos Deputados, deputado Franco Montoro, o qual chamou a atenção para os riscos do arranjo institucional estabelecido pelo Protocolo de Ouro Preto:

> os rumos da integração serão definidos exclusivamente pela negociação dos Executivos nacionais, afastada a participação direta dos parlamentos ou das populações dos quatro países nas decisões relacionadas à integração, já que seus órgãos representativos, a Comissão Parlamentar Conjunta e o Foro Consultivo Econômico-Social, possuirão funções meramente consultivas. (Stuart, 1996)

Contudo, seu parecer como relator da Comissão de Relações Exteriores da Câmara dos Deputados recomendou sua aprovação, muito provavelmente pela situação governista no âmbito nacional.

Críticas mais contundentes vieram de alguns políticos da oposição ao governo. A deputada Sandra Starling (PT-MG) reclamava funções análogas às do Parlamento europeu, que, lembrava ela, exerce controle rigoroso sobre a Comissão, podendo inclusive, por meio de uma moção de censura, destituir todos os seus membros, além de aprovar o orçamento etc. Em sua nota de rejeição ao Protocolo de Ouro Preto, justificou sua posição argumentando que essa escolha institucional "fere frontalmente o princípio constitucional da separação entre os Poderes, na medida em que subordina os parlamentares dos quatro países às exigências e aos ditames de um órgão composto por seus ministros da Economia e das Relações Exteriores" (Staling, 1995). Ainda de acordo com a deputada,

> a Comissão Parlamentar Conjunta do Mercosul, de acordo com o que consta no artigo 26 do Protocolo de Ouro Preto, pode apenas fazer recomendações ao Conselho do Mercado Comum (órgão político máximo do Mercosul, composto pelos Ministros da Economia e Relações Exteriores dos Estados Membros), através do Grupo Mercado Comum (órgão executivo do Mercosul). Tais recomendações poderão ou não ser acatadas pelo conselho, uma vez que a Comissão Parlamentar Conjunta, ao contrário do Parlamento Europeu, não poderá exercer controle algum sobre as atividades do Conselho e do Grupo Mercado Comum. (Starling, 1995)

De todo modo, a posição da Comissão Parlamentar na estrutura institucional do Mercosul foi aprovada pelos Congressos Nacionais. A nova situação surgida a partir de 1995 não mobilizou significativamente os parlamentares para que estes aumentassem seu próprio papel na estrutura decisória do Mercosul. Pode-se afirmar ter prevalecido uma certa resignação. Por decisão unânime de seus parlamentares, entre eles os brasileiros, a Comissão Parlamentar Conjunta incorporou ao seu novo regimento interno, aprovado em 3 de agosto de 1995 (Garcia Júnior, 1997), as mesmas determinações do artigo 25 do Protocolo de Ouro Preto: formular recomendações e contribuir para a agilização das decisões dos órgãos com capacidade decisória: Conselho do Mercado Comum, Grupo Mercado Comum e Comissão de Comércio.

A nova fase inaugurada pelo Protocolo de Ouro Preto tampouco alterou a cultura de atuação, pois os parlamentares iniciaram suas atividades em 1995, sem uma pauta definida e objetivos claros. Na sua V Reunião, em agosto daquele ano, a Resolução n. 003/95 determina como atividade para a "Secretaria Administrativa estabelecer um cronograma e temário de trabalho para as Subcomissões a desenvolver nos próximos seis meses ..." (Comissão Parlamentar Conjunta, 1995). Nessa mesma reunião, os parlamentares estabeleceram três objetivos imediatos para a Comissão:

> a instrumentalização do papel da Comissão Parlamentar Conjunta na estrutura institucional do Mercosul ... formas de melhorar o

> acompanhamento dos trabalhos desenvolvidos pelos demais órgãos da estrutura institucional do Mercosul ... necessidade de identificar os temas prioritários que deverão ser tratados no âmbito da Comissão Parlamentar Conjunta. (Ata 3 da Comissão Parlamentar Conjunta, 1995)

A análise desses objetivos indica descontinuidade em relação aos trabalhos que vinham sendo desenvolvidos pelos parlamentares na Comissão durante o período de transição, mas, além disso, indicam a ausência de uma estratégia ou plano de trabalho de longo prazo que possibilitasse ação mais eficaz e fortalecimento do Poder Legislativo no processo de integração do Mercosul.

Portanto, esse novo período não representou um aprofundamento nas relações em razão do desconhecimento sobre o processo e a falta de clareza sobre as finalidades da participação parlamentar nele, apesar de uma participação dessa natureza durante a fase de transição. Essa falta de informação muitas vezes se traduziu numa postura crítica e negativa em relação ao Mercosul, como a de alguns parlamentares brasileiros pertencentes à própria CPC que também questionaram os acordos celebrados em Ouro Preto pelo Poder Executivo. Segundo o deputado federal Valdir Colatto (1995), do PMDB-SC, sua crítica refletiria a opinião de seu eleitorado que considerou ineficiente a atuação dos diplomatas brasileiros nas negociações do Mercosul ocorridas no período de transição. A indignação com o andamento do processo revelou certa desinformação sobre o que estava sendo discutido e negociado, assim como um alienamento do processo decisório, concentrado nos representantes do Poder Executivo brasileiro.

O descontentamento e a desconfiança em relação ao Mercosul poderiam ser estímulos para uma mobilização maior dos parlamentares, principalmente os brasileiros, visando à elaboração de uma agenda de atuação efetiva e voltada para a ampliação de sua participação nas negociações e no processo decisório na qualidade de representantes dos interesses presentes na sociedade. Em vez disso, verificamos a ocorrência de uma continuidade na "cultura e prática" parlamentar do período de transição, marcada pela subordinação da ação legislativa à agenda do Poder Executivo e pela falta de proximidade dos partidos políticos, traduzindo-se numa ação conjunta centrada num discurso vago e no desinteresse do Congresso brasileiro pela formulação da política externa nacional, inclusive no referente ao Mercosul.

É importante considerarmos neste ponto a pouca importância da seção brasileira da CPC no Congresso, principalmente por seu posicionamento no organograma institucional geral, em que ela não é considerada uma comissão parlamentar permanente e por isso suas atividades não entram na agenda oficial do Congresso. Apesar disso, recentemente, houve algumas mudanças institucionais que visam modificar essa situação (Fleischer, 2000), mas que ainda não tiveram efetividade suficiente para que se possam analisar seus resultados.

Nessa linha de argumentação, a análise do deputado federal José Machado (PT-SP) é esclarecedora. Segundo ele:

> na Câmara a temática do Mercosul é uma temática de pequena repercussão. Ela é discutida por uma comissão específica, que tem muito pouco prestígio na Câmara e que não tem um desdobramento, um transbordamento melhor assim, para as demais comissões e até para o debate mais acirrado da Câmara... Eu fui líder durante um ano na bancada. Nunca, nunca, em nenhum momento qualquer assunto relativo ao Mercosul foi levado para minha apreciação. Seja por algum colega de partido, seja por outros partidos, seja através de documento, algum memorial, alguma correspondência, me consultando, pedindo minha opinião, algum encaminhamento. Não foi discutido no Colégio de Líderes, em nenhuma ocasião foi discutido o tema do Mercosul no Colégio de Líderes. (Machado, 1999)

Para alguns parlamentares, essa controvérsia de atribuições entre os dois poderes é conseqüência da ausência de um parlamento do Mercosul. Como até o momento não existe um âmbito com Poder Legislativo, pois as comissões só podem fazer recomendações sem vigor legal, essa situação acaba permitindo esse tipo de desvio. O momento para se tentar alterar isso teria sido durante a elaboração do Protocolo de Ouro Preto, mas naquele momento os parlamentares, como vimos, pouco intervieram nas discussões do Grupo Ad Hoc sobre Institucionalização, que tratou dessa questão.

Como apontamos anteriormente, o relacionamento entre a CPC e o CMC é outro tema recorrente nas reuniões da primeira, que sempre identifica como necessidade um aprimoramento no seu relacionamento com referido órgão decisório do Mercosul, que na prática significa um melhor diálogo com os representantes do Poder Executivo dos quatro países. O desconforto provocado por essa situação exige dos parlamentares a necessidade de propor alterações institucionais que possam minimizar essa marginalização. Porém, o discurso em sua defesa não foi acompanhado por ações efetivas nesse sentido, a não ser por simples recomendações.

Acreditamos que a constituição de um parlamento no Mercosul seria uma forte fonte de debates sobre a integração e que o fato de existirem eleições para essa instituição poderia ampliar a discussão na sociedade para aqueles setores que normalmente não se interessam pelas relações internacionais e desconhecem o que vem ocorrendo no Mercosul.

Para os parlamentares seria uma ampliação da sua esfera de atuação e da possibilidade de consolidar novos núcleos de apoio político fora de seus tradicionais redutos eleitorais. Certamente existem resistências à criação de novas estruturas institucionais no Mercosul, especialmente se estas puderem ocupar espaços importantes no processo decisório. Os representantes do Poder Executivo, principalmente os diplomatas, argumentam que a atual fase do Mercosul não comportaria a existência de um parlamento, não havendo necessidade de constituí-lo.

Podemos dizer que o período pós-Ouro Preto foi inaugurado pelos representantes legislativos sem muitas novidades. As discussões durante as reuniões da CPC demonstraram que as preocupações dos parlamentares permanecem centradas nas questões econômicas e institucionais, enquanto as questões sociais pouco foram abordadas, somente quando alguns temas ganharam espaço nas atenções nacionais, como no caso do emprego. É importante ressaltar que apesar de os membros da CPC não terem demonstrado nesse novo período uma atuação mais efetiva fundamentada numa agenda propositiva, em alguns momentos tentaram introduzir questões defendidas em seu discurso, como no caso da criação de um parlamento no âmbito do Mercosul.

Prova disso é a Disposição n. 14/99 que foi formulada pelos parlamentares do seguinte modo:

> INSTITUCIONALIZAÇÃO DEL PARLAMENTO DEL MERCOSUR
>
> VISTO
>
> El Artíulo 24 del Tratado de Asunción, el Protocolo de Ouro Preto y el Repertorio de Actas de la Comisión Parlamentaria Conjunta del Mercosur, y
>
> CONSIDERANDO
>
> La inequívoca voluntad expresada por la Comisión Parlamentaria Conjunta del Mercosur desde su creación,
>
> LA COMISIÓN PARLAMENTARIA CONJUNTA
>
> DISPONE
>
> Artículo 1° – Iniciar los estudios y trabajos pertinentes con el objeto de establecer una agenda para la institucionalización del Parlamento del Mercosur.
> Artículo 2° – Será función de la Presidencia Pro-Témpore el mantenimiento de la vigencia de este tema y la adopción de medidas tendientes al cumplimiento de la presente disposición.
> Artículo 3° – La Presidencia Pro-Témpore elevará un informe sobre los avances en cada Plenario, debiendo ser presentado el primer informe en la próxima Plenaria por la Sección Argentina. (Disposição 14, 1999)

Diante dessa proposta, os governos representados na CMC mostraram claramente sua resistência a qualquer tipo de alteração no ordenamento institucional atual da integração, declarando que

> o entendimento comum dos Estados-Partes do Tratado de Assunção é que qualquer evolução de ordem institucional no Mercosul deverá refletir as necessidades e os avanços do processo de integração.
>
> A estrutura institucional criada pelo Protocolo de Ouro Preto é perfeitamente compatível com a ordem constitucional dos Estados-Partes e tem-se revelado capaz de dar respostas adequadas aos desafios impostos pelo processo de consolidação da União Aduaneira (CMC, 1996)

Essa resistência à criação de novas instituições esbarra no problema da legitimidade do processo de negociação porque não permite a criação de mecanismos democráticos de controle e acompanhamento dele. Em todos os momentos em que a sociedade participa das negociações do Mercosul por meio de seus representantes (parlamentares, sindicatos etc.), ela o faz com caráter consultivo e sem ter acesso às decisões, sendo de certa forma marginalizada da definição dos rumos que a integração deva tomar. Essas resistências à maior participação parlamentar mostram as dificuldades reais enfrentadas pelos parlamentares para aumentar a intervenção do Poder Legislativo nas negociações do Mercosul, mas não são suficientes. É preciso ressaltar que houve certo acomodamento por parte dos parlamentares a essa situação e que estes não se mobilizaram para pressionar de forma mais efetiva em favor de seus interesses nem iniciaram uma barganha defendendo suas posições, notadamente os brasileiros.

Assim como ocorreu no tocante à atuação, houve também uma continuidade no discurso dos parlamentares, notadamente dos brasileiros, na CPC nesta nova fase, baseado na defesa da ampliação da integração com o aprofundamento das relações políticas, sociais e culturais sob a denominação de Mercosul Máximo. A idéia do Mercosul Máximo é a de uma integração completa, abarcando todas as esferas da sociedade e envolvendo os seus segmentos: seria a institucionalização do mercado comum com estruturas institucionais amplas, similares às existentes na Europa. Essa proposta se opõe diretamente ao chamado Mercosul Mínimo, defendido por alguns setores do governo federal que sugerem o congelamento do processo de integração no atual estágio de União Aduaneira, inclusive do candidato do PSDB José Serra derrotado nas eleições de outubro de 2002.

A defesa do Mercosul Máximo foi acompanhada de uma iniciativa dos partidos políticos governantes da Argentina (Partido Justicialista – PJ) e do Brasil (PSDB/PFL/PMDB) de criar uma agenda para integrar seus programas de ação.

> A iniciativa, sem precedentes, para atuar com coordenação em nível de partidos políticos argentinos e brasileiros, deverá produzir uma mudança qualitativa na relação Brasil-Argentina, segundo analistas de política internacional, que adiantaram que o líder do Congresso argentino, Eduardo Menem, visitará Brasília em meados deste mês, à procura de apoio dos seus colegas brasileiros, para presidir a Interparlamentaria Mundial. (Piernes, 1997)

Contudo, como vimos na seção anterior, essa iniciativa, que foi batizada como a criação de "famílias de partidos políticos no Mercosul", pouco avançou pelo fato de que, no momento em que ocorreu essa viagem, ambos os partidos entravam em confronto ao representar interesses setoriais na questão do açúcar em seus respectivos países, como poderemos observar no próximo capítulo. Em parte, o seu insucesso ocorreu também graças às incertezas geradas pelo processo sucessório presidencial argentino.

Além dessa tentativa frustrada de aproximação entre os partidos políticos, o discurso referente ao Mercosul Máximo baseia-se em outros dois pontos: a maior participação nas negociações e na criação de um parlamento do Mercosul, refletindo assim o que já afirmamos. Apesar de as ações não condizerem com esses objetivos, a retórica parlamentar está sempre insistindo em reafirmar a importância desses aspectos.

> As iniciativas de integração na América Latina somente se caracterizarão como iniciativas democráticas, em sua essência, quando os parlamentos nacionais, através de suas representações político-partidárias, estiverem presentes em todas as etapas das negociações multilaterais e do processo legiferante. Os partidos políticos, por sua vez, serão os grandes canais de comunicação do Mercosul com a sociedade, visando o fortalecimento dos regimes democráticos e dos povos latino-americanos. (Bornhausen, 1997, p.10)

O interessante em relação a esses posicionamentos é a interpretação de que essa ampliação da importância dos parlamentares no Mercosul deve fazer parte da estratégia política dos representantes do Executivo. "A grande (e única) alternativa da América Latina – patrocinada pelo Parlamento Latino-Americano (Parlatino) – será a formação da Comunidade Latino-Americana de Nações (CLAN). O Brasil apóia a idéia. Mas transformar esse sonho em realidade seria mais rápido com a determinação e liderança continental do presidente Fernando Henrique Cardoso" (Lopes, 1997, p.4), apesar de a posição dos governos ser contrária a essas pretensões.

A situação é mais problemática pela própria dificuldade de estabelecer um modelo de referência para a ampliação da intervenção parlamentar. Por um lado, a Comissão Parlamentar Conjunta (após seminário realizado em Buenos Aires em meados de 1998) concluiu que a experiência do Parlamento europeu não lhe serve de modelo (Almeida, 1998). Por outro, a experiência do Parlatino também não é um bom referencial, pois, embora o seu discurso esteja muito próximo ao da CPC, sua atuação também o está, não representando um aprimoramento ou maior intervenção no processo de integração.

Nessa direção, o senador Lúdio Coelho (1998, p.3) defende que a seção brasileira da CPC tem por tarefa "fortalecer a sua posição no âmbito do Congresso Nacional, tornando-se um pólo catalisador de iniciativas que visem conscientizar os membros do Parlamento quanto à importância de que se reveste a política externa na era da globalização"; para isso a ação parlamentar estará voltada para a agilização da "harmonização das legislações".

Por si só, esse testemunho do senador Lúdio Coelho nos serve para comprovar que os parlamentares, em geral, e os brasileiros, em particular, não atuaram devidamente no âmbito da Comissão Parlamentar Conjunta do Mercosul, como afirmamos até aqui, pois sua proposta está voltada ainda para capacitar e operacionalizar a CPC para o desempenho de suas funções mínimas, de modo que ela ganhe espaço no âmbito do parlamento brasileiro e assim mobilize os parlamentares para a sua tarefa no processo de integração regional. Essa realidade é mais grave e abrangente do que parece, já que caracteriza uma situação de abdicação do Congresso Nacional em temas de política externa.

Mas é válido notar que a partir de 2000 até 2002, quando Júlio Redecker (PPB-RS) assume a presidência da seção brasileira da Comissão Parlamentar Conjunta, a referida sugestão de Lúdio Coelho passa a ser implementada. De uma posição passiva, a seção brasileira da CPC – bem como os parlamentares que a compõem, liderados por seu presidente – procura abandonar o caráter abrangente de suas discussões para implementar um caráter mais prático, voltado para a efetivação no Congresso Nacional da legislação produzida pelos órgãos decisórios do Mercosul.

Nesse sentido, a CPC e, por conseguinte, o Congresso Nacional, de uma situação de abdicação das questões relativas à integração regional, tornam-se órgãos efetivos para a legitimação das medidas estabelecidas pelos órgãos decisórios do Mercosul, ou seja, passam paulatinamente a exercer seu papel propositivo e de vigilância do Poder Executivo, buscando recuperar suas funções nessa área em uma relação de delegação de poderes. Como pode ser observado na Ata da 1ª Reunião Ordinária de 2001, na qual o presidente Júlio Redecker

> propôs que fossem realizadas audiências públicas para tratar de temas pertinentes ao Mercosul, convidando-se especialistas que possam aportar esclarecimentos, informações e, em especial, reflexões sobre a realidade do Mercado Comum do Sul. De início, o Presidente encaminhou pedido de convite a ser feito ao Ministério de Relações Exteriores para que participe das reuniões da Comissão.

Na mesma reunião, Redecker assinalou que passaria a utilizar o critério de "assiduidade nas reuniões para a escolha dos parlamentares que deverão participar das reuniões externas". Além disso, passaria a ser registrada a ausência de parlamentares e suplentes. Essas medidas simples fizeram aumentar a participação de parlamentares nas reuniões ordinárias da seção brasileira da CPC do Mercosul e, por conseguinte, o adensamento das discussões.

Isso já pode ser comprovado pela Ata da 2ª Reunião Ordinária de 2001, que registrou o debate sobre a participação do Brasil nas negociações para a Área de Livre-Comércio das Américas (Alca), sob o tema "A Alca e o Mercosul". Do debate participaram o embaixador José Botafogo Gonçalves, representante especial do presidente da República para assuntos do Mercosul, e o embaixador Samuel Pinheiro Guimarães, ex-diretor do Instituto de Pesquisa de Relações Internacionais (Ipri), do Ministério das Relações Exteriores.

Nas notas taquigráficas da reunião, está registrado o intenso debate que houve entre os expositores e os parlamentares. Por um lado, o embaixador Gonçalves afirmou que o entendimento do governo é de que o Brasil deve participar das negociações graças às possíveis vantagens para o desenvolvimento do país que delas pode surgir, bem como destacou que a saída do Brasil das negociações para a formação da Alca representaria um risco para o país. Já o embaixador Guimarães apresentou uma visão oposta, ressaltando a necessidade do aprofundamento do Mercosul como a melhor maneira para o desenvolvimento do país.

Sobre o acompanhamento cotidiano das medidas tomadas pelos órgãos decisórios do Mercosul que devem ser incorporadas pela legislação interna via Congresso Nacional por meio da seção brasileira da CPC, é elucidativa a leitura da Ata da sua 3ª Reunião Ordinária de 2001, onde se pode observar sua ordem do dia tendo como principais assuntos:

> Discussão e votação do Relatório do Senador Jorge Bornhausen à Mensagem nº 218, de 2001 (do Poder Executivo) – que "submete à consideração do Congresso Nacional o texto da 'Lista de Compromissos Específicos iniciais do Brasil', aprovado pela Decisão nº 9/98 do Conselho do Mercado Comum do Mercosul, em 23 de julho de 1998, e a nova 'Lista de Compromissos Específicos' do Brasil, resultante da Primeira Rodada de Negociação de Compromissos Específicos em Matéria de Serviços, adotada pela Decisão nº 1/00 do Conselho do Mercado Comum do Mercosul, em 29 de junho de 2000. A Lista recém-aprovada amplia a oferta original em telecomunicações e substitui as páginas 14 a 19 da 'Lista de Compromissos Específicos Iniciais' adotada em 1998. Ambas as Listas foram negociadas ao amparo do Protocolo de Montevidéu sobre o Comércio de Serviços do Mercosul." Relatório: Favorável. Lido parecer pelo Relator. Discutiram a matéria os Senhores Deputados Confúcio Moura e Vicente Caropreso. Em votação: aprovado [e] 6) Discussão e votação do Relatório do Deputado Feu Rosa ao Projeto de Lei do Senado nº 167, de 1999 (do Senador Jefferson Péres), que "dispõe sobre alterações de alíquotas do imposto de importação." Relatório: Contrário. Lido parecer pelo Relator. Em votação: aprovado o relatório sugerindo a rejeição da proposição.

•

Pode-se perceber claramente pela passagem[20] um início de alteração no comportamento dos parlamentares. Entretanto, essa mudança está muito ligada à atuação do presidente da seção brasileira da CPC, Júlio Redecker. Com a sua substituição, nada garante que essa mudança seja institucionalizada.

---

20 E por muitas outras, como a ata de todas as reuniões realizadas durante os anos de 2001 e 2002.

Isso nos leva a concluir que, apesar desses avanços recentes na participação dos atores políticos brasileiros, ainda prevalece no país uma situação de apatia e debilidade no tocante às suas participações no Mercosul. Exceto quando grupos de interesses brasileiros que dão sustentação política a eles têm seus interesses feridos pelo Mercosul e passam a exigir deles, nacionalmente, uma posição de defesa setorial, como demonstraremos no próximo capítulo.

5 GRUPOS DE INTERESSES E ATORES POLÍTICOS: O CONTENCIOSO BRASIL-ARGENTINA DO AÇÚCAR

A EMERGÊNCIA DO PROBLEMA

Diante do quadro de débil e praticamente nula atuação dos atores políticos brasileiros na estrutura institucional, em particular, e no Mercosul, em geral, verificados até aqui, demonstraremos neste capítulo, a partir de um estudo de caso, a existência de formas de articulações políticas que alguns grupos sociais e econômicos utilizam para defender seus interesses no Mercosul, em substituição ao funcionamento de estruturas regionais democráticas e participativas mais fortes. Privilegiaremos o estudo dos interesses que se articularam em torno do contencioso entre Brasil e Argentina sobre a questão do livre-comércio do açúcar no bloco regional.

O livre-comércio do açúcar (principalmente do argentino e do brasileiro) tem sido um ponto de conflito entre os países do Mercosul. A adequação desse setor ao funcionamento da União Alfandegária, o que significa livre-comércio e aplicação de uma tarifa externa comum (TEC), deixou de ter uma conotação meramente técnica para transformar-se numa discussão política, em que grupos sociais e econômicos argentinos e brasileiros organizaram-se em articulações políticas nacionais identificadas com a questão para garantir seus interesses. Sua pressão buscou influir nas decisões dos respectivos parlamentares, ocasionando o enfrentamento entre os legislativos dos dois países, gerando uma crise diplomática.

Tal situação tende a reproduzir-se constantemente tendo em vista a nova natureza da elaboração da política externa no sistema internacional contemporâneo e nos processos de integração regional, nos quais a interação entre políticas domésticas e o plano internacional desencadeiam um processo *sui generis* de questões distributivas; estas geram custos internos que levam à mobilização dos atores, geralmente daqueles negativamente afetados, deslocando para a esfera pública a discussão da política internacional (Soares de Lima, 2000, p.276).

O exemplo do livre-comércio do açúcar no Mercosul é um desses casos típicos e nos possibilita entender como tanto o Estado argentino quanto o brasileiro, no sistema internacional contemporâneo e inseridos em um processo de integração regional, cooperam entre si e em que medida essa cooperação é influenciada pelo plano doméstico.

Nessa perspectiva, Putnam (1993) afirma que existem profundas relações entre a escolha pela cooperação realizada pelos governos no plano internacional e os interesses domésticos que eles representam. Ou seja, a cooperação pode avançar e/ou sofrer limites ou mesmo refluir dependendo da capacidade de poder de veto ou apoio dos atores domésticos identificados com a questão em negociação.

Assim, nosso objetivo será demonstrar que tanto os partidos políticos como os parlamentares brasileiros – nosso atores políticos – somente tenderão a participar no Mercosul na medida em que sejam estimulados a intervir ativamente em razão de seus interesses eleitorais que podem ser frustrados quando a cooperação internacional impõe custos distributivos negativos aos grupos econômicos e sociais que os apóiam e que eles representam no âmbito nacional.

Ao mesmo tempo, as articulações baseadas em interesses de caráter local e/ou setorial em defesa desses grupos econômicos e sociais poderiam sugerir dificuldades para o surgimento de coligações e alianças partidárias de caráter internacional, entre partidos afins existentes nos diferentes países, dificultando crescentemente a elaboração de um projeto político-partidário regional no Mercosul. Além disso, elas podem dificultar o avanço do processo integracionista na medida em que impõem restrições aos acordos internacionais que vão contra seus interesses imediatos. Vale ressaltar aqui que o aumento dos níveis de participação político-partidária no bloco regional pode ser estimulado tanto por mobilizações favoráveis à própria integração quanto por contrárias a ela. O caso do açúcar é um exemplo dessa segunda situação.[1]

Para alcançar nosso objetivo, inicialmente iremos esboçar sucintamente o núcleo teórico da relação entre as dimensões doméstica e internacional na cooperação internacional sugerido por Putnam (1993) e a questão da sua conseqüência distributiva interna tanto negativa como positiva na formulação da política externa dos Estados sugerida por Soares de Lima (2000).

Em seguida, iremos, por meio dessas teorias, procurar compreender o desenvolvimento do processo de estabelecimento do acordo de liberalização do açúcar no Mercosul, principalmente entre Brasil e Argentina.

O JOGO DE DOIS NÍVEIS E A DISTRIBUIÇÃO DE CUSTOS DOMÉSTICOS NA FORMULAÇÃO DA POLÍTICA EXTERIOR

Para Putnam (1993) a negociação internacional, visando à cooperação entre Estados no sistema internacional contemporâneo, depende tanto da estrutura de ganhos domésticas (*win-set*) de cada Estado quanto daquela de seu parceiro, que serão determinantes no momento de ratificação interna do acordo internacional. Logo, a cooperação entre Estados ocorre em dois níveis.

Por isso esse autor denomina seu modelo conceitual de Jogo de Dois Níveis (JDN). Nele, os governos responsáveis pela política externa do Estado, considerados negociadores internacionais, atuam simultaneamente em dois níveis: junto aos seus interlocutores domésticos, com os quais negociam a ratificação e a entrada em vigor dos acordos, e no plano internacional, no qual jogam (negociam)

1 Assim como diversos outros casos, tais como os dos setores têxtil, automotivo, de frangos, arroz, iogurtes, carne de porco, trigo etc., que, basicamente, fizeram parte de uma agenda negativa do Mercosul nos últimos três anos.

em busca da cooperação internacional. Aquele, Putnam considera o nível 2, e este o nível 1.

Nessa direção, Putnam argumenta ainda que um governo dividido internamente, ou seja, naquele em que não há consenso amplo entre os interlocutores domésticos, pode obter maior sucesso nas cooperações internacionais do que aquele governo que incorpora e representa um consenso doméstico mais amplo.

Em outras palavras, as dissensões internas são benéficas ao governo como negociador internacional no momento da cooperação internacional, pois tornam evidentes ao seu parceiro, durante a negociação dos acordos, que, caso estes não forem ao encontro do seu *win-set*,[2] ele não será ratificado no Parlamento. Vale ressaltar aqui que no JDN há dois momentos específicos: 1. a negociação internacional, e 2. a ratificação do acordo internacional no plano doméstico.

Portanto, quanto menor o *win-set* – ou seja, mais posições difusas no nível 2 –, mais força terá o governo na negociação internacional (nível 1). E quanto maior o *win-set* é mais provável se alcançar um acordo, mas, concomitantemente, diminui a capacidade de barganha do governo *vis-à-vis* outros negociadores.

Isso significa que a cooperação internacional, para ser estabelecida favoravelmente a um determinado Estado, não exige que sua unidade doméstica esteja solidamente consolidada, como pressupõem quase majoritariamente as teorias de relações internacionais, mas sim o oposto. Pois, como já ressaltamos, na medida em que haja mobilização doméstica em torno de assuntos de política externa, em vez de o Estado enfraquecer-se ele se torna mais poderoso no processo de negociação, visto que desde antemão está claro que, caso o acordo internacional seja contrário aos interesses de

2 Putnam (1993) considera o *win-set* como uma "estrutura de ganhos" esperada pelos interlocutores domésticos durante o processo de negociação da cooperação internacional. Caso a cooperação vá ao encontro de seus interesses, aumenta-se a possibilidade de ela ser ratificada no Parlamento e, portanto, estabelecida. O contrário também é verdadeiro. Geralmente, o *win-set* é estabelecido pelas ONGs, movimentos sociais, *lobbies*, partidos políticos, parlamentares, governos subnacionais etc.

grupos econômicos e sociais poderosos no âmbito interno, ele não será ratificado no Parlamento.

Porém, existe certamente também maior risco de que a cooperação internacional não ocorra caso o *win-set* do outro negociador também não permita avanços, ampliando assim a possibilidade de defecção.[3] Ou seja, governos com menor *win-set* provavelmente têm poucas possibilidades de cooperar.

Daí a importância das dissensões domésticas, pois, em uma negociação com países em que elas não ocorrem, é mais simples para eles negociarem um recuo nas suas posições, o qual poderá favorecer o negociador dividido, que acaba utilizando "a negociação internacional para consolidar sua posição política doméstica e, ao mesmo tempo, utilizar sua debilidade doméstica para extrair benefícios dos outros negociadores" (Veiga, 1999, p.38).

O caso brasileiro é exemplar disso. Várias disputas comerciais são perdidas pelo país pelo fato de o menor *win-set* presente na sociedade muitas vezes não estar claro, graças, em grande medida, à centralização da política externa no Ministério das Relações Exteriores e também pela falta de canais institucionais apropriados para sua manifestação e evasão, impossibilitando a comunicação com a sociedade civil e com outras esferas do governo. Tudo isso leva tanto os partidos políticos como os parlamentares a não se interessarem pelos assuntos que julgam ser de relações internacionais.

Contudo, o sistema internacional contemporâneo propicia "o aumento do componente distributivo da política externa", o que tende crescentemente a politizá-la, "inserindo-a diretamente no conflito distributivo que nas poliarquias é resolvido por meio dos mecanismos de representação e voto no espaço público" (Soares de Lima, 2000, p.296).

Quando a política externa e, por extensão, a cooperação internacional tornam-se assuntos de domínio público, sem mecanismos

3 Segundo Putnam (1993), a defecção ocorre quando o acordo internacional não é ratificado, deixando de ser cumprido. Ela pode ser uma defecção voluntária, que ocorre quando deliberadamente o negociador deixa de cumprir acordos internacionais, ou pode ser uma defecção involuntária que ocorre quando o negociador torna-se incapacitado de cumprir os acordos internacionais por motivos que extrapolam sua capacidade de controle.

institucionais apropriados para o seu tratamento, geram-se profundas controvérsias no tocante aos acordos internacionais. E, ainda, isso possibilita que elas sejam influenciadas por uma ampla gama de atores econômicos, políticos e sociais de modo anacrônico, que muitas vezes nem mesmo possuem interesses diretamente afetados pela questão. Como veremos adiante, no caso da liberalização do açúcar no Mercosul, uma lei nacional argentina se sobrepôs a um tratado internacional previamente acordado e ratificado por motivos sobretudo eleitoreiros.

Enfim, nas próximas seções buscaremos demonstrar como a interação entre os níveis internos e externos dos Estados no momento da cooperação internacional, bem como os conflitos distributivos produzidos pela natureza atual da política externa, respectivamente propostos por Putnam (1993) e Soares de Lima (2000), podem nos auxiliar no entendimento da lógica de participação dos atores políticos brasileiros no Mercosul.

Por extensão, essa análise nos propiciará também sustentar nosso argumento desenvolvido nos capítulos 3 e 4 da impropriedade da estrutura institucional do Mercosul na condução do processo integracionista tanto ao não propiciar canais adequados à absorção e à troca de informação entre governo, partidos políticos, parlamentares e sociedade civil no Brasil, como no processo decisório regional e nacional.

A GÊNESE DO PROBLEMA

Em dezembro de 1996, na reunião de presidentes dos países do Mercosul em Fortaleza, o Conselho do Mercado Comum (CMC) determinou a definição de um regime de adequação para o setor açucareiro até 31 de maio de 1997. Criou-se, naquele momento, um grupo de trabalho *ad hoc*, que no prazo estabelecido não obteve os resultados esperados por causa das divergências entre Brasil e Argentina nessa questão.

O fracasso das discussões realizadas pelo grupo *ad hoc* foi notificado ao CMC, desencadeando-se a partir desse momento uma disputa entre os negociadores do Brasil e da Argentina, que em parte refletia os interesses dos grupos sociais e econômicos potencialmente afetados.

A delegação brasileira propôs a adoção de um cronograma, a partir de 1º de julho de 1997, "de desgravação progressiva e automática no setor de açúcar" (*Gazeta Mercantil*, Latino-Americana, 1997a, p.14), argumentando que não haveria justificativas para o setor açucareiro permanecer como o único completamente excluído do processo de integração regional.

A delegação argentina, por sua vez, sustentou que a proposta brasileira não levava em conta a assimetria entre os setores açucareiros de ambos os países e, como conseqüência, não percebia a necessidade de se criarem mecanismos para extinguir esses desequilíbrios. Os argentinos sustentavam que isso era necessário em razão da política implementada pelo governo brasileiro no setor sucroalcooleiro, no qual o governo intervém por meio do Proálcool que define a mistura obrigatória de álcool à gasolina e a mudança para álcool do combustível utilizado pelas frotas de carros governamentais. Segundo a argumentação argentina, os subsídios proporcionados pelo Proálcool incentivaram os usineiros brasileiros a privilegiar a produção do álcool em detrimento da do açúcar, tornando este último um subproduto do álcool, diminuindo seu custo e deixando seu preço inferior ao dos outros países do Mercosul. Como agravante, na medida em que o preço do açúcar aumentava no mercado internacional, os usineiros brasileiros aumentaram a sua produção, podendo colocar o produto no Mercosul e no mundo a preços mais competitivos, contribuindo para deslocar a produção argentina.

Nesse momento, é evidente que a negociação internacional (nível 1) está praticamente inviabilizada, tornando remotas as oportunidades de estabelecer algum acordo no tocante à liberalização do açúcar na integração regional.

Isso porque, no plano interno, tanto no Brasil quanto na Argentina, essa questão politizou-se, promovendo um clima de disputas entre os países do Mercosul, por causa da geração de custos distributivos domésticos advindos da política exterior.

Como veremos adiante, os negociadores argentinos bloquearam o acordo, conforme exigiam os interesses de seus interlocutores domésticos afetados por ele, estabelecendo um *win-set* menor. Este, por conseqüência, proporciona ao governo mais poder de barganha durante o processo de cooperação internacional. As motivações do sucesso da construção do *win-set* argentino, bem como sua repercussão na negociação internacional, serão analiadas na seção seguinte.

Enquanto isso, os negociadores brasileiros buscavam o acordo conforme aquilo que acreditavam ser o interesse dos seus interlocutores domésticos, apresentando-os como plenamente alinhados ao governo nessa matéria (Bianco, 2000). Esse contexto transmitia a imagem do *win-set* brasileiro como abrangente, fragilizando o poder de barganha dos negociadores brasileiros em relação aos argentinos. A estratégia brasileira para a mudança dessa atuação será também apresentada nas seções seguintes.

Por ora, cabe enfatizar que o menor *win-set* argentino reforçou a posição de seu negociador *vis-à-vis* o maior *win-set* brasileiro no momento da cooperação internacional, conforme sustenta Putnam (1993).

AS RAZÕES ARGENTINAS

Como conseqüência do impasse, em maio de 1997 o Congresso argentino aprovou uma lei condicionando o fim das alíquotas de importação aplicadas pela Argentina ao açúcar brasileiro no Mercosul à suspensão dos incentivos à produção de álcool no Brasil. O menor *win-set* argentino por meio das instituições políticas do país acumulava poder. Contudo, visto que a lei contradizia e rompia os acordos do Mercosul, imediatamente o presidente Menem decidiu vetá-la, tendo sido bem-sucedido.

Segundo o governo brasileiro, não houve necessidade de pressionar o governo argentino para a tomada dessa decisão, pois ambos compartilhariam o interesse pela aceleração da integração entre os países (*Gazeta Mercantil*, 1997a, p. 5).

Na lógica do Jogo de Dois Níveis, essa atitude do governo argentino provavelmente visava demonstrar seu empenho na manutenção dos acordos no Mercosul e mais tarde poderia ser utilizada para justificar a defecção (não-ratificação do acordo) como involuntária.

A reunião do Grupo Mercado Comum, realizada em junho de 1997, em Assunção, mais uma vez não trouxe nenhum avanço nas negociações sobre o setor açucareiro, a não ser as promessas do governo argentino de promover a solução do impasse. Os funcionários argentinos presentes nessa reunião propuseram que novo encaminhamento da questão ocorresse a partir da desregulamentação do setor açucareiro tanto no Brasil como na Argentina, que seria alcançada apenas em 2001. Buscava-se tempo para tentar reconstruir seu *win-set* e/ou o brasileiro.

Para os negociadores brasileiros, isso significaria um retrocesso, pois esperavam algum avanço nas negociações sobre o açúcar, único setor que ainda não havia reduzido as tarifas no âmbito do Mercosul (*Gazeta Mercantil*, 1997d, p. 5), conforme se supunha ser o interesse do seu *win-set*.

Enquanto isso, na Argentina, em 6 de agosto de 1997, a Câmara dos Deputados derrubou o veto do presidente Menem à lei do açúcar, remetendo o assunto para o Senado, que por unanimidade a aprovou definitivamente em 3 de setembro de 1997. A Lei do Açúcar, de n. 24.822, afirma:

> Artigo 1º – Os direitos com que se gravam as importações de mercadorias de qualquer origem e procedência das posições tarifárias que são detalhadas a seguir neste artigo se aplicarão e não poderão ser reduzidas nas importações dessas mesmas mercadorias provenientes dos membros do Mercosul enquanto subsista a assimetria provocada pelo sistema sucro-alcooleiro do Brasil, que se manifesta pela exigência de utilizar o álcool carburante nos veículos automotores, seja hidratado ou anidro em mistura com gasolina convencionais. Posições tarifárias N.C.M.: 1701.11.00, 1701.12.00, 1701.91.00, 1707.99.00. (*Gazeta Mercantil*, 1997f, p.4)

Essa lei teve como objetivo garantir os interesses dos produtores de açúcar do país, protegendo as indústrias menos competitivas, em detrimento das brasileiras, que, pelos subsídios mencionados na lei argentina, tinham condições de colocar o açúcar no mercado internacional a preços menores. Ocorria oficialmente a defecção do acordo internacional estabelecido no âmbito do Mercosul.

A derrubada do veto presidencial e a implementação dessa lei resultaram do menor *win-set* argentino em relação ao acordo articulado pela pressão exercida por uma ampla articulação política nacional, da qual participaram senadores e deputados de diferentes partidos e produtores de açúcar argentinos, principalmente os situados nas províncias de Tucumán, Salta e Jujui, do norte do país, cujo argumento era que a produção argentina não teria condições de competir com a brasileira caso houvesse a redução tarifária no âmbito do Mercosul.

Com a proximidade das eleições legislativas nacionais na Argentina, marcadas para outubro de 1997, o tema ganhou o apoio generalizado dos parlamentares, que se viram obrigados a atender às reivindicações dos produtores de açúcar (o *win-set*), pois estes poderiam ameaçar seus projetos de reeleição, caso seus produtos ficassem desprotegidos perante a concorrência brasileira.

A ameaça era concreta: se os produtores de açúcar argentinos paralisassem suas atividades, causariam um surto de desemprego nas regiões do açúcar que seria identificado com a postura dos parlamentares que se negassem a apoiar a Lei do Açúcar e com a política adotada pelo governo Menem no Mercosul. A imagem desses parlamentares na opinião pública argentina ficaria vinculada ao desemprego, dificultando sua reeleição.

A solução interna desse impasse exigia a confrontação entre interesses de Argentina e Brasil no Mercosul, ou seja, a defecção do acordo internacional era inevitável na medida em que as eleições legislativas se aproximavam, aumentando o poder do *win-set* argentino.

Nas eleições parlamentares de outubro de 1997, o governo Menem mantinha a sua preocupação voltada para a possibilidade de vitória da opositora Aliança (Radicais e Frepaso) – o que veio a acontecer –, levando a uma articulação entre os candidatos justicialistas à reeleição e os produtores de açúcar, criando assim uma aliança para defender os interesses destes últimos no Mercosul.

Isso se concretizou com a aprovação da Lei do Açúcar, causando apreensão e crítica do governo brasileiro, que, segundo nota divulgada pelo Ministério das Relações Exteriores em 4 de setembro de 1997, afirmou que "espera que o governo argentino tome medidas urgentes para fazer prevalecer os compromissos internacionais assumidos com o Brasil, em consonância com o espírito de cooperação e entendimento do Mercosul" (*O Estado de S. Paulo*, 1997b).

Dessa maneira, os formuladores da política externa do Brasil reagiram contra a defecção argentina e iniciaram sua estratégia para a retomada das negociações internacionais por meio da desarticulação do *win-set* argentino, bem como para possibilitar o surgimento público e a evasão do *win-set* brasileiro.

A pressão exercida pelo Ministério das Relações Exteriores do Brasil sobre o governo argentino obrigou-o a tomar uma atitude defensiva, pela qual reafirmou que o governo não era o culpado da decisão, pois o Congresso havia legislado dentro da lei; mas reconheceu que as leis do país não podem contradizer tratados internacionais, pois estes possuem validade constitucional. Concretamente, tornou pública a posição de que estaria procurando e estudando alternativas para a solução da questão. Ou seja, o governo argentino buscava apresentar a defecção como involuntária e seu empenho para contorná-la.

Em grande medida isso era real, pois a análise da situação interna da Argentina sugere que o governo não tinha condições para impedir a aprovação da Lei do Açúcar, pelo fato de sua base parlamentar estar sendo fortemente pressionada pelos usineiros, que souberam fortalecer a própria posição em razão da proximidade das eleições parlamentares. Para não se comprometer nem comprometer o governo nessa questão, os senadores situacionistas se ausentaram do plenário antes da votação. O governo argentino encontrava-se diante de um dilema: de um lado, tratados internacionais vigentes, e, de outro, a necessidade de reeleição dos parlamentares do próprio partido. A Lei do Açúcar surgiu como instrumento para eleger uma bancada no Parlamento com capacidade de aprovar as reformas propostas pelo governo. Ao mesmo tempo, esse governo deveria apresentar-se perante o Brasil e os países do Mercosul como não-responsável na questão da lei. Enfim, pode-se concluir que os partidos e os parlamentares argentinos mobilizaram-se no quadro de interesses defensivos e não em uma perspectiva de consolidação do processo cooperativo.

Num primeiro momento, a situação parecia extremamente problemática para a Argentina. Porém, como veremos adiante, o governo Menem soube e buscou efetivamente utilizar "a negociação internacional para consolidar sua posição política doméstica e, ao mesmo tempo, utilizar sua debilidade doméstica para extrair benefícios dos outros negociadores" (Veiga, 1999, p.38), nesse caso o brasileiro, articulando magistralmente o nível doméstico ao internacional e ao regional.

AS RAZÕES BRASILEIRAS

A reação brasileira ocorreu na forma de uma nota oficial emitida pelo Ministério das Relações Exteriores, em setembro de 1997, advertindo o governo e o Parlamento argentinos da possibilidade de esse ato tornar-se uma séria divergência diplomática entre os dois países.

Além disso, no Parlamento brasileiro, o deputado Paulo Bornhausen (PFL-SC), então presidente da seção brasileira da Comissão Parlamentar Conjunta do Mercosul, apresentou à mesa da Câmara dos Deputados uma proposta de retaliação por meio de um projeto de decreto legislativo que proibia a importação de trigo argentino, justificando sua proposta da seguinte forma: "Sabidamente a Argentina exporta trigo a partir de uma cultura fortemente subsidiada. Esta característica da sua produção de trigo torna inviável para os produtores brasileiros terem condições de competição justas ou ao menos razoavelmente aceitáveis para permitir que concorram no mercado interno com as importações advindas da Argentina" (*O Estado de S. Paulo*, 1997c, p. A12).

A posição adotada por Bornhausen foi, primeiramente, uma atitude política para demonstrar ao governo e ao Parlamento argentinos que o setor brasileiro de trigo atravessou grandes crises por causa do Mercosul, mas o governo brasileiro procurou tomar medidas contemporizadoras, com o intuito de não prejudicar o bloco regional. O projeto objetivava também pressionar o Congresso argentino, acrescentando um novo elemento ao contencioso: caso o decreto legislativo fosse aprovado, os produtores de trigo argentinos iriam mobilizar-se, pressionando os próprios parlamentares, os quais ficariam numa posição desconfortável, pois os grupos sociais e econômicos agroexportadores teriam seus interesses afetados, podendo protestar apoiando outros candidatos nas eleições.

Além do mais, um conflito envolvendo a questão do trigo teria efeitos ainda maiores, pois o Brasil é o principal importador de trigo argentino, visto que absorve quase a metade das exportações desse produto. Em outras palavras, o Estado argentino acumularia dificuldades em sua balança comercial, desequilibrando suas contas, além de afetar um grupo poderoso.

Assim, a ameaça brasileira buscava mobilizar um setor econômico argentino para que este interviesse de modo a favorecer interesses brasileiros. Note-se que, nas relações econômicas internacionais, a mobilização de grupos econômicos e sociais a favor de posições de outro país tem sido um instrumento crescentemente relevante.

Na linguagem de Putnam (1993) e Soares de Lima (2000), tanto o governo quanto o parlamentar brasileiro buscavam alterar o *win-set* argentino no setor do açúcar por meio da geração de custos distributivos negativos de política externa a outros interlocutores domésticos com amplos poderes no governo da Argentina e, sobretudo, interessados na manutenção das condições de exportação de trigo para o Brasil, garantidas pelos acordos no Mercosul. Simultaneamente, as contas públicas seriam também afetadas, tendo em vista a importância desse setor na economia argentina. Dessa maneira, o *win-set* brasileiro acumulava poder.

A situação de crise diplomática agravou-se e tendeu a transformar-se a partir de 8 de setembro de 1997, quando o presidente do Senado brasileiro, Antônio Carlos Magalhães (PFL-BA), cobrou do governo uma reação mais enérgica perante a decisão do Congresso da Argentina sobre o açúcar. O presidente da Câmara dos Deputados, Michel Temer (PMDB-SP), declarou seu apoio ao projeto de decreto legislativo apresentado por Bornhausen, afirmando, porém, que "o problema é o risco que decisões como essa representam para o Mercosul" (*O Estado de S. Paulo*, 1997e). Com isso, o maior *win-set* brasileiro no início da negociação internacional transformava-se em menor. Situação apresentada pelo governo brasileiro como inevitável, sendo as ameaças de restrições à importação do trigo argentino passíveis de serem concretizadas.

Prova disso foi que as posições de Magalhães, simétricas às surgidas no Parlamento argentino, refletiam interesses dos grupos sociais e econômicos importantes no Nordeste do Brasil, particularmente os dos produtores de açúcar, mas não deixam de ter em conta os dos trabalhadores dependentes do cultivo dessa cultura, base eleitoral sua e de seu partido. Já Temer expressaria as preocupações do empresariado paulista, sua base eleitoral, com uma crise maior do Mercosul. Bornhausen, apesar de Santa Catarina não ser um Estado produtor de trigo, espelha interesses dos agricultores dos Estados do Sul do Brasil, Rio Grande do Sul e Paraná. Portanto, como ocorreu na Argentina, o *win-set* brasileiro também praticamente obrigava o país à defecção do acordo internacional no setor do trigo. Ampliava-se, assim, o poder do governo brasileiro na negociação internacional.

Enfim, como já sugerido, a estratégia brasileira para a desmobilização e o impedimento da defecção argentina nos acordos do setor do açúcar no Mercosul concentrou-se em pressões diplomáticas e na atuação parlamentar de dois dos principais partidos governistas no país – o PFL e o PMDB.

Ambos mobilizaram-se com o objetivo de representar interesses setoriais brasileiros que os apóiam nacionalmente prejudicados com o impasse comercial, como ocorreu na Argentina, denotando a importância dos custos distributivos negativos da política externa (Soares de Lima, 2000). Os principais atuantes desses partidos foram Michel Temer (PMDB-SP) e Antônio Carlos Magalhães (PFL-BA).

Concomitantemente, Paulo Bornhausen (PFL-SC) buscava tanto forjar um menor *win-set* no Brasil, inflamando os produtores de trigo nacionais contra os subsídios argentinos, como modificar o próprio *win-set* argentino por meio da sua proposta de decreto legislativo ao ameaçar romper acordos internacionais já aprovados no âmbito da integração regional, que viriam a prejudicar assim os grupos econômicos e sociais do setor do trigo mais influente que o do setor do açúcar naquele país. Como ressaltamos, além dos custos políticos, o governo argentino teria sérios problemas em sua economia como um todo se a ameaça brasileira fosse concretizada.

Esse cenário, pelo lado brasileiro, em grande medida, foi promovido pelo Ministério das Relações Exteriores, que via nele a oportunidade de fortalecer-se na negociação internacional por meio da justificativa de seu menor *win-set*, como havia feito o governo argentino, além de impor ao governo argentino o restabelecimento da cooperação em busca de um acordo para o setor do açúcar no quadro do Mercosul.

Vale enfatizar aqui o papel do Ministério das Relações Exteriores, que possibilitou, apesar de momentaneamente, a emergência do *win-set* brasileiro, ou seja, outros atores políticos, econômicos e sociais, na discussão e formulação da política externa do país, o que geralmente não é comum. Isso somente ocorreu pelo fato de o menor *win-set* brasileiro incrementar seu próprio poder na negociação internacional. Essa realidade, acreditamos, deveria ser comum e até mesmo benéfica em contextos democráticos.

A LÓGICA DA COOPERAÇÃO

A organização dos interesses e da composição dos *win-sets* de Argentina e Brasil ocorreu pelas articulações políticas que acabamos de descrever no que tange a seus desdobramentos parlamentares. Como vimos anteriormente, uma articulação entre diferentes setores teve força suficiente (ou seja, estabelecimento de menor *win-set*) para levar o Legislativo argentino a ignorar acordos internacionais assinados com os parceiros do Mercosul.

Em contrapartida, no Brasil, inicialmente estimulada pela política do Ministério das Relações Exteriores, formou-se também uma articulação que passou a pressionar o Parlamento e o governo argentinos para obter uma solução que não ameaçasse os interesses brasileiros (ou seja, uma transformação de *win-set*, que originalmente era maior, para menor).

O conjunto desse jogo de pressões e transformações tanto no *win-set* brasileiro quanto no argentino levou este último governo a encontrar uma solução para o problema. Assessores do presidente Menem elaboraram um projeto de lei propondo a revogação da taxação do açúcar brasileiro. Simultaneamente, chegou-se a estudar a possibilidade de um recurso à Corte Suprema argentina para pedir a declaração de inconstitucionalidade da decisão dos parlamentares, pois esta feria os acordos assinados com o Brasil em junho de 1997 os quais firmavam o compromisso de estudar as assimetrias entre os setores açucareiros e, conseqüentemente, implementar o início de uma política comum em busca da plena integração desse setor no Mercosul, com a implementação da livre-circulação e da tarifa externa comum.

Paralelamente, o ministro da Economia da Argentina, Roque Fernández, reafirmou a condenação da decisão do Congresso de seu país e solicitou ao governo brasileiro um tempo para encontrar a melhor solução para o problema (*Gazeta Mercantil Latino-Americana*, 1997b).

Essa declaração do governo argentino, contrária à decisão do Congresso, visou impedir possíveis ações de retaliação de parte do Brasil e ganhar o tempo necessário para solucionar a questão por meio da abertura de novas negociações no nível 1 que acomodassem tanto os seus próprios interlocutores domésticos como os brasileiros. Tudo isso por causa do momento político da Argentina: de julho a outubro de 1997 qualquer movimento brusco poderia tirar votos de seus correligionários peronistas nas províncias produtoras de açúcar.

Por sua vez, o governo brasileiro decidiu postergar qualquer decisão, dando ao governo argentino tempo para solucionar o problema, ainda que não aceitando o argumento do presidente Menem de ter sido surpreendido pela votação do Congresso. Segundo o ministro das Relações Exteriores do Brasil, Luiz Felipe Lampreia, "a decisão do Congresso não pode ser totalmente desvinculada do governo, que detém a maioria" (*Gazeta Mercantil*, 1997b, p.4).

Ao longo do segundo semestre de 1997, procurou-se a melhor maneira para desmontar as duas articulações que sustentavam os respectivos *win-sets* de cada governo e estavam causando a crise diplomática entre Brasil e Argentina – que se tornara mais política do que comercial.

Segundo Bornhausen, um dos atores políticos significativos da parte brasileira, a crise teria surgido pela ação do Congresso argentino, que abriu um grave precedente ao procurar estabelecer um foro deliberativo paralelo à estrutura institucional do Mercosul, consolidada em 1994 com o Protocolo de Ouro Preto. Para o deputado brasileiro, caso o método viesse a ser utilizado pelos congressistas dos outros países, isso afetaria a credibilidade da União Alfandegária, podendo inclusive inviabilizá-la.

O governo argentino aceitou parcialmente as críticas, reafirmando sua vontade de resolver os problemas (*Gazeta Mercantil*, 1997c). Isso veio realmente a ocorrer mais tarde, quando a lei argentina foi revogada, fazendo os negociadores brasileiros, bem como os atores políticos, recuarem.

Assim, reiterou-se a vontade cooperativa no nível 1, na medida em que ambos os governos tiveram a percepção de que uma crise setorial poderia comprometer o conjunto das vantagens criadas pela União Alfandegária.

Para isso, fatores conjunturais também contribuíram, como a realização do World Economic Forum do Mercosul, em setembro de 1997, quando os governos argentino e brasileiro tentaram apresentar o Mercosul como um bloco unido, equilibrado e maduro o bastante para receber investimentos.

Além disso, a nova fase de negociações para estabelecer um cronograma de liberalização comercial no continente americano, no contexto das negociações para a criação de uma Área de Livre-Comércio das Américas (Alca), também favoreceu a atenuação da polêmica, para permitir ao Mercosul apresentar-se formalmente como um bloco. Ou seja, passado o momento eleitoral na Argentina, que inicialmente impulsionou essa crise diplomática por meio da defecção dos acordos assinados no âmbito do Mercosul, mais uma vez os negociadores argentinos souberam utilizar tanto o World Economic Forum do Mercosul quanto o avanço da Alca para persuadir os negociadores e atores políticos brasileiros a recuarem da sua decisão de retaliação comercial ao trigo derivada da questão do açúcar. Tudo supostamente para manter a imagem de união do bloco regional. Estratégia que obteve sucesso.

Isso porque os partidos e os parlamentares brasileiros recuaram em suas posições tornando o *win-set* brasileiro novamente maior. Já o *win-set* argentino manteve-se praticamente inalterado, retratando a capacidade de seus negociadores em articular os níveis 1 e 2, garantindo assim seus interesses setoriais.

Prova disso foi que, a partir daquele momento, a questão do açúcar voltou a ser debatida entre os atores envolvidos e os órgãos burocráticos competentes dos governos, trazendo as divergências de volta aos órgãos institucionais do Mercosul, ou seja, para a esfera estrita de atuação do Poder Executivo, o nível 1 de Putnam (1993), em que os negociadores argentinos vêm adiando o livre-comércio do açúcar no Mercosul há anos em benefício do seu *win-set* doméstico (Bianco, 2000).

Ao reiniciar novas negociações no nível 1, a participação dos atores políticos brasileiros diminuiu, visto que a questão retornou estritamente para a esfera da política externa, que no Brasil, por tradição, cabe ao Poder Executivo e sua burocracia especializada: o Ministério das Relações Exteriores. Essa saída tornou o *win-set* brasileiro maior, diminuindo, simultânea e novamente, o poder de barganha do governo brasileiro.

Do mesmo modo, a participação dos partidos políticos e dos parlamentares argentinos também diminuiu, mas por motivos diferentes. Primeiro porque as eleições já haviam ocorrido e eles não se sentiam mais pressionados e ameaçados. E segundo pelo fato de reconhecerem a capacidade dos negociadores argentinos em atravancar a liberalização do açúcar no âmbito da burocracia do Mercosul, garantindo assim a manutenção dos interesses setoriais que eles representam, ou seja, o *win-set* argentino.

Nessa direção, ainda em setembro de 1997, dirigentes das Câmaras de Exportadores do Brasil e da Argentina e parlamentares dos dois países reuniram-se em Buenos Aires para analisar a questão do açúcar e suas possíveis conseqüências. Todos concordaram que, apesar do empenho para uma rápida solução, o tema ainda levaria muito tempo para ser resolvido. Grupos de trabalho foram organizados com o objetivo de identificar as diferenças entre os setores açucareiros de Argentina e Brasil para posteriormente implementar uma política comum e integrar o setor aos mecanismos da livre-circulação de mercadorias e da tarifa externa comum (*Gazeta Mercantil*, 1997d).

Bianco (2000) relata que os negociadores argentinos se aproveitam do fato de a rotatividade semestral ser obrigatória entre os países-membros na condução dos trabalhos na estrutura institucional do Mercosul para articularem-se aos paraguaios e uruguaios e, unidos, retardarem o máximo possível qualquer decisão sobre a questão em pauta. E, quando são os brasileiros que conduzem as negociações, falta-lhes articulação aos atores econômicos e sociais no Brasil realmente interessados pela questão, inviabilizando o alcance do livre-comércio do açúcar no bloco regional. Expressão dessa situação pode ser encontrada nas palavras de Eduardo Pereira de Carvalho[4] ao afirmar que "o setor privado brasileiro tem sido bastante discreto e elegante no que diz respeito ao açúcar no Mercosul" (2003) e que se faz urgente que os argentinos abandonem a posição adotada até o momento. Senão,

> resta-nos entrar no jogo político, partindo para uma mobilização dos agentes internos e enfrentando a discussão com os consumidores argentinos, que estão sendo punidos pela proteção a uma indústria ultrapassada, cujos custos de produção excedem em três vezes os custos do açúcar brasileiro. (Carvalho, 2003)

Como vimos até aqui, o desenvolvimento e o desfecho da questão da liberalização do açúcar no Mercosul retratam claramente, por um lado, a capacidade do governo argentino de articular os dois níveis na negociação internacional, como aponta Putnam (1993), bem como a de lidar com os custos distributivos de política externa, como indica Soares de Lima (2000), a seu favor. Por outro lado, demonstram também a inadequabilidade do processo brasileiro de tomada de decisões sobre política exterior, concentrado na burocracia do Poder Executivo no sistema internacional contemporâneo e no processo de integração regional na atualidade.

4 Presidente da União da Agroindústria Canavieira de São Paulo (Unica).

Isso indica a necessidade da criação de mecanismos institucionais tanto no âmbito regional quanto no nacional que permitam aos atores políticos, econômicos e sociais brasileiros participar e explicitar claramente suas posições e interesses em matéria de política exterior. No tocante ao setor do açúcar, o depoimento de Carvalho (2003) é muito claro: estamos preparados para entrar no jogo político. Essa realidade, se alcançada, certamente reforçaria a própria posição do governo brasileiro nas negociações internacionais.

CONSIDERAÇÕES FINAIS

> A busca do equilíbrio entre os recursos de autoridade e de representação, necessário à credibilidade junto aos parceiros internacionais, estaria demandando a modernização das instituições decisórias da política externa. A criação de mecanismos que garantam maior equilíbrio das informações, a regularidade do controle político *ex ante* e da prestação de contas *ex post* ao Congresso Nacional são soluções possíveis para responder aos novos desafios da política exterior brasileira em um contexto de democracia e integração competitiva à economia mundial. (Soares de Lima, 2000, p.297)

> Volto a esta instituição [Itamaraty] ... com o desafio ... [de] traduzir criativamente necessidades internas em possibilidades externas. Esta tradução exige, numa democracia, mecanismos permanentes de consulta com a sociedade civil. Em minha gestão aprofundarei os canais de interação entre o Itamaraty e os diversos atores da vida nacional – Legislativo, os partidos políticos, a mídia, os estados que integram a federação, os sindicatos, os empresários e suas associações, as universidades e o mundo intelectual, as organizações não-governamentais... (Lafer, 2001)

> Fundamental para a recuperação do Mercosul é a revitalização do Fórum Econômico-Social. Devemos impulsionar igualmente a Comissão Parlamentar Conjunta de modo a reforçar a participação da sociedade no processo de integração. Atribuiremos importância à construção de instituições comuns, de políticas sociais, de parcerias na área educacional e cultural, da livre circulação de pessoas e de mecanismos financeiros e monetários que promovam o comércio e a integração. (Amorim, 2003)

Pudemos observar durante o desenvolvimento desta obra, principalmente no segundo e no terceiro capítulos, que a política externa brasileira de integração regional tem sido atribuição do Poder Executivo por meio do Ministério das Relações Exteriores, que desempenhou papel significativo no processo decisório e nos rumos da integração do Cone Sul. O exame dessa política pode dar margem a diferentes avaliações.

Nosso estudo sugere que não se cristalizaram no Estado e na sociedade brasileira perspectivas contrapostas ou alternativas à atual estratégia, consubstanciada na prevalência de uma concepção clássica de fazer política: dar os passos possíveis e, antes de avançar para outros patamares, consolidar os já alcançados.

Nessa direção, percebe-se que cada avanço na constituição do Mercosul foi precedido por uma trajetória anterior que obteve sucesso, ou seja, da Declaração de Iguaçu ao Pice, deste ao Tratado de Integração e assim por diante, até o Tratado de Assunção e o Protocolo de Ouro Preto. Todas etapas dirigidas e reguladas pelos poderes executivos dos países-membros do processo de integração. Lógica, como vimos no quarto capítulo, também incorporada pelos partidos políticos, levando-os a abdicar de tratar de questões de política externa, sobretudo do processo de integração regional.

É importante registrar que a estrutura decisória do Mercosul se apóia na negociação intergovernamental, sem a criação de órgãos supranacionais, como no caso europeu. Desde 1986, as motivações brasileiras em defesa do intergovernamentalismo, compartilhadas em boa medida pelos argentinos, apontam para os riscos que uma estrutura supranacional poderia trazer, na medida em que fosse autônoma em relação aos Estados nacionais, podendo criar uma lógica de ação ou estratégias próprias.

A perspectiva do Brasil, razoavelmente homogênea entre os formuladores de política externa, ao menos até o fim do governo de Fernando Henrique Cardoso, é a de que o processo de integração regional deve continuar avançando no formato intergovernamental. Um elemento constitutivo fundamental das posições do governo brasileiro até o fim do mandato de Fernando Henrique

Cardoso[1] foi que não se tratava de redesenhar os instrumentos administrativos necessários à negociação, mas apenas de aperfeiçoar aqueles já existentes.

Portanto, devem permanecer os atuais órgãos de coordenação, que contam com a colaboração plena das instâncias administrativas e políticas que detêm os conhecimentos e sabem quais são os espaços que favorecem em termos relativos e/ou absolutos os interesses nacionais.

Resulta dessa percepção o formato administrativo defendido e aplicado pelo Brasil no processo de integração regional. Nesse sentido, caberia somente ao Poder Executivo a formulação da política externa, cultura, como vimos, absorvida pelos atores políticos brasileiros, que, entre outras questões, acabam não atuando em assuntos de relações internacionais, prejudicando a posição brasileira no cenário mundial ao não proporcionar sustentabilidade e legitimidade às ações de política externa.

É o que afirmam Soares de Lima (2000) e o ex-ministro das Relações Exteriores do Brasil, Celso Lafer (2001), ao sugerirem que as mudanças ocorridas no sistema internacional contemporâneo tornam fundamental a participação dos vários atores componentes da sociedade brasileira para a sustentação e a legitimação da política externa do país. Pode-se afirmar que o atual ministro das Relações Exteriores, Celso Amorim, também concorda relativamente com essa afirmação.

1 Após a posse do atual presidente, Lula da Silva, a diplomacia brasileira vem reiterando decididamente seu interesse em mudar os aspectos institucionais do Mercosul agregando na estrutura atual mecanismos de tomada de decisões supranacionais, além de abrir espaços para uma maior participação política e social, como indica o discurso de Amorim (2003): "Fundamental para a recuperação do Mercosul é a revitalização do Fórum Econômico-Social. Devemos impulsionar igualmente a Comissão Parlamentar Conjunta de modo a reforçar a participação da sociedade no processo de integração. Atribuiremos importância à construção de instituições comuns, de políticas sociais, de parcerias na área educacional e cultural, da livre-circulação de pessoas e de mecanismos financeiros e monetários que promovam o comércio e a integração". Entretanto, ainda não houve por parte do governo uma definição de como isso seria realizado, o que indica que esse propósito ainda faz parte do discurso.

Porém, nossa análise torna evidente, principalmente no quinto capítulo, que o formato administrativo institucional estabelecido e defendido até aqui no Mercosul, principalmente por Brasil e Argentina, para a representação dos interesses públicos e privados das sociedades nacionais que o compõem se torna inadequado quando o processo ganha maior profundidade, pelo fato justamente de não propiciar canais tão eficazes para a participação e representação dos interesses dos vários atores brasileiros na política externa de integração regional, sustentando-a e legitimando-a. Realidade reconhecida no discurso de Lafer (2001), mas que por enquanto se mantém inalterada e na promessa.

Como conseqüência, o formato institucional acaba facilitando disputas de difícil administração no Mercosul, em específico, e na política externa brasileira, em geral, principalmente em momentos de incerteza, podendo ser elas tanto uma disputa eleitoral, como no caso do açúcar que retratamos no quinto capítulo, quanto uma crise macroeconômica, vivenciada na passagem de 1998 para 1999 e desde 2000 até agora pela crise argentina, ou ainda uma tensão ligada a interesses setoriais, como nos setores dos lácteos, dos têxteis, do trigo, do arroz, novamente açúcar etc. No caso do Mercosul, os grupos econômicos, sociais e políticos, públicos e privados, com interesses prejudicados procurarão, de uma forma ou de outra, buscar vantagens que amenizem suas perdas em detrimento de todo o processo de integração. É o que a análise da questão do açúcar parece indicar.

Essas persistentes dificuldades na articulação de interesses no tocante às políticas de integração regional sugerem a necessidade de maior troca de informações e o aperfeiçoamento dos mecanismos decisórios já existentes e da criação de novos, a fim de facilitar a acomodação das diferenças presentes nos âmbitos nacionais.

Portanto, a curto e médio prazos seria necessário, como sugere Soares de Lima, "a criação de mecanismos que garantam maior equilíbrio das informações, a regularidade do controle político *ex ante* e da prestação de contas *ex post* ao Congresso Nacional" (2000, p.207) no tocante à política externa brasileira de integração regional, como ocorre nos Estados Unidos por meio da aprovação ou não do *fast-track* (via rápida) ao Poder Executivo norte-americano para a negociação de acordos internacionais como o Nafta e atualmente a Alca.

Caso houvesse um mecanismo como esse no Brasil, o processo de integração regional e suas conseqüências para o país poderiam ser mais bem acompanhados pelo Congresso Nacional, que poderia rejeitar sua implementação se os seus impactos fossem negativos aos grupos econômicos e sociais brasileiros. Entretanto, no caso do Mercosul, isso não é suficiente, visto que ele objetiva a criação de um mercado comum.

Portanto, a médio e longo prazos, seria vantajoso para a integração se houvesse maior possibilidade de atuação direta dos parlamentares, o que se refletiria positivamente na atual indiferença da maioria dos partidos políticos brasileiros em relação ao Mercosul. Isso poderia ocorrer se fosse possível aumentar paulatinamente seu papel no processo decisório, inclusive o próprio papel da Comissão Parlamentar Conjunta.

Desse modo, seria possível canalizar os interesses dispersos em disputa no seio da sociedade em busca de meios que possam se afirmar no âmbito regional para o âmbito de uma estrutura institucional que poderia inclusive ser um Parlamento regional, estabelecendo assim um órgão legislativo supranacional que zele pelos interesses regionais, impondo sanções, caso necessárias, aos Estados nacionais, como ocorre na Europa e vem sendo atualmente amadurecido no seio da diplomacia brasileira, com a ascensão do presidente Lula da Silva e seu ministro das Relações Exteriores, Celso Amorim.

Nessa direção, a participação do setor privado torna necessárias medidas que possam favorecer a valorização desses espaços no Mercosul – subgrupos de trabalho e Foro Consultivo Econômico-Social, bem como Comissão Parlamentar Conjunta –, estimulando e transferindo para a estrutura institucional os interesses que poderiam nos âmbitos nacionais prejudicar o processo de integração.

Além disso, os atores políticos brasileiros certamente passariam a se interessar pelo processo de integração na medida em que se constituiriam em seu âmbito instituições regionais onde se poderia disputar poder político que, segundo Weber (1974), é o principal papel desejado a ser desempenhado por eles em qualquer forma de associação. Isso garantiria uma maior legitimidade à política externa brasileira no Mercosul, ao possibilitar que sejam inseridos em seu âmbito, por esses atores políticos, demandas dos grupos econômicos e sociais que eles representam no âmbito nacional. Dessa maneira, estabelecer-se-iam os tão virtuosos "canais de interação entre o Itamaraty e os diversos atores da vida nacional" (Lafer, 2001), que ainda são muito frágeis. Essa é a promessa do atual ministro, Celso Amorim (2003), que em seu discurso de posse afirmou ser a política externa não apenas "responsabilidade do Itamaraty, ou mesmo do Governo. [Pois] Ela envolve a sociedade como um todo. Para definir o interesse nacional em cada situação concreta, reforçarei a coordenação com outros órgãos governamentais e com os diversos setores sociais – trabalhadores, empresários, intelectuais – e entidades da sociedade civil".

Também seria possível e necessária a adoção de órgãos supranacionais no Mercosul, no âmbito do Executivo e do Judiciário, que incorporassem uma visão regional de longo prazo e zelassem por esses interesses como ocorre atualmente na Europa.

Assim, de fato o valor democracia seria compartilhado pelo bloco regional, inclusive no tocante à sua política exterior, com aplicabilidade formal tanto no nível nacional quanto nas estruturas institucionais do bloco regional. Dessa forma, a imagem negativa do bloco, em se tratando de democracia, seria afastada.

Além disso, propiciar-se-ia, a curto e médio prazos, a criação de mecanismos e canais institucionais no âmbito nacional, que garantiria autoridade e representatividade à política exterior brasileira de integração regional, bem como, a longo prazo, iniciar-se-ia o movimento de construção de estruturas supranacionais fundamentais ao aprofundamento do processo integracionista, na medida em que os atores políticos passassem a visualizar o espaço regional para a implementação de políticas comuns.

Contudo, enquanto a situação se mantiver assim, o bloco regional terá uma apreciação positiva no tocante à promulgação de uma cláusula democrática nas relações entre os países, a qual terá que coexistir com a crescente sensibilidade em relação ao chamado déficit democrático na política exterior, expresso na impossibilidade institucional de participação de atores que tendem a basear suas atuações essencialmente no Legislativo, como parlamentares e partidos políticos, os quais poderiam representar os grupos econômicos e sociais interessados no processo de integração de uma forma mais salutar à totalidade do Mercosul.

REFERÊNCIAS BIBLIOGRÁFICAS

ADLER, E. Seizing the middle ground: constructivism in world politics. *European Journal of International Relations* (*London*), v.3, n.3, 1997.

ALBUQUERQUE, J. A. G. O Mercosul: balanço atual e perspectivas de consolidação. In: V.V. A.A. *A agenda política e institucional do Mercosul*. Aportes para a integração regional. São Paulo: Fundação Konrad-Adenauer-Stiftung, 1997. (Série Debates, 14).

ALIMONDA, H. O Mercosul: perspectivas para a sociedade e para a política. *Indicadores Econômicos*, v.20, n.1, maio 1992.

ALMEIDA, H. Parlamento europeu não pode ser modelo. *Gazeta Mercantil Latino-Americana* (*São Paulo*), ano 3, n.112, p.11, 8-14 jun. 1998.

ALMEIDA, P. R. de. A institucionalidade futura do Mercosul: primeiras aproximações. *Boletim de Integração Latino-Americana* (*Brasília*), MRE/SGIE/NAT, n.9, 1993a.

______. O Mercosul institucional. In: V.V. A.A. *O Mercosul no contexto regional e internacional*. Rio de Janeiro: Edições Aduaneiras, 1993b.

______. *O Mercosul*: fundamentos e perspectivas. São Paulo: LTr, 1998.

ALVAREZ, G. O. *Mercosur Ritual*: políticos y diplomáticos en la política de integración del Cone Sur. Brasília, 2000. Tese (Doutorado em Antropologia Social) – Instituto de Ciências Sociais, Universidade de Brasília.

AMARAL JÚNIOR, A. do. Mercosul: questões políticas e institucionais. In: _____. *Mercosul*: desafios a vencer. São Paulo: Conselho Brasileiro de Relações Internacionais, 1994.

AMORIM, C. L. N. *Discurso pronunciado em sua posse como ministro de Relações Exteriores brasileiro*. Brasília, 1º jan. 2003.

AMORIM, C. L. N., PIMENTEL, R. P. S. Iniciativa para as Américas – o Acordo do Jardim das Rosas. 60 Anos de Política Externa II. Seminário Nacional. São Paulo: Programa de Política Internacional e Comparada/USP, 1991.

ARAÚJO JÚNIOR, J. T. Integração econômica e harmonização de políticas na América do Norte e no Cone Sul. *Revista de Economia Política* (*Rio de Janeiro*), v.11, n.2., 1991.

ARCHIBUGI, D., HELD, D., KOHLER, M. (Ed.) *Re-imagining political communit*. Cambridge: Polity Press, 1998.

ARON, R. *Paix et guerre entre les nations*. Paris: Calmann-Lévy, 1962.

ARRIGHI, G. *O longo século XX*. São Paulo: Editora UNESP, 1994.

ARROYO, M. Mercosul: novo território ou ampliação de novas tendências? In: SCARLATO, F. C. et al. (Org.) *O novo mapa do mundo*: globalização e espaço latino-americano. São Paulo: Hucitec-Anpur, 1993.

ATAS DA COMISSÃO PARLAMENTAR CONJUNTA. 1991 a 1998.

ATAS DA COMISSÃO PARLAMENTAR CONJUNTA. 1991, 1992, 1993, 1994, 1995, 1996, 1997, 1998, 1999, 2000, 2001, 2002, 2003. Disponível em: <www.camara.org.br/mercosul>.

BANDEIRA, M. *Estado nacional e política internacional na América Latina*: o continente nas relações Argentina-Brasil (1910-1992). São Paulo: Ensaio, 1993.

BAPTISTA, L. O. *O impacto do Mercosul sobre o sistema legislativo brasileiro*. São Paulo, 1992. (Mimeogr.).

BARBOSA, R. A. *A América Latina em perspectiva*: a integração regional da retórica à realidade. São Paulo: Aduaneiras, 1991.

______. O Brasil e a integração regional: a Alalc e a Aladi (1960-1990). In: *Anais do II Seminário Nacional do Projeto 60 Anos de Política Externa Brasileira*. São Paulo: Nupri/USP, 1992.

BATISTA JÚNIOR, P. N. *A economia como ela é*... São Paulo: Boitempo, 2000.

BELLUZO, L. G. Dinheiro e as transfigurações da riqueza. In: TAVARES, M. da C., FIORI, J. L. *Poder e dinheiro*: uma economia política da globalização. Petrópolis: Vozes, 1998.

BIANCO, C. Entrevista. São Paulo, 26.9.2000.

BIERSTEKER, T. J. Reducing the role of the State in the economy: a conceptual exploration of IMF and the Worl Bank Prescriptions. *International Studies Quaterly*, n.34, 1990.

BONANATE, L. Osservazioni sulla teoria dei regimi internazionali. In: BONANATE, L., CAFFARENA, A., VELLANO, R. *Dopo l'anarchia*. Milano: Franco Angeli, 1989.

BORNHAUSEN, P. Partidos políticos e o Mercosul. *Gazeta Mercantil Latino-Americana (São Paulo)*, ano 1, n.44, p.10, 10-12.2.1997.

BRADFORD JÚNIOR, C. I. Integração regional e estratégias de desenvolvimento num contexto democrático. *Política Externa (São Paulo)*, Paz e Terra/ Programa de Política Internacional e Comparada – USP, v.1, n.2, 1992.

BRENNER, R. The economic of global turbulence. *New Left Reviw*, n.228, 1998.

BUENO, C. *Passado e presente das relações Brasil-Argentina*. São Paulo: Instituto de Estudos Avançados/USP, 1997. (Série Assuntos Internacionais, 51).

BULL, H. The anarchical society: a study of order in world politics. London: Macmillan, 1995.

CAMINOTO, J. Cavallo diz preferir acordo bilateral com Estados Unidos. *O Estado de S. Paulo*, 20.4.2001.

CAMPELLO DE SOUZA, M. do C. *Estado e partido político no Brasil*. São Paulo: Alfa-Ômega, 1990

CAPUTO, D. M., SABATO, J. F. *La integración de las democracias pobres*: oportunidades y peligros. Buenos Aires, 1991. (Mimeogr.).

CAREY, J., SHUGART, M. *Presidents and assemblies*: constitucional design and electoral dynamics. Cambridge: Cambridge University Press, 1992.

______. Poder executivo de decreto: chamando os tanques ou usando a caneta? *Revista Brasileira de Ciências Sociais*, v.13, n.37, 1998.

CARNEIRO, D. Entrevista. Brasília, 12.4.1994.

CARTILHA DO MERCOSUL. (1996) In: *Comissão Parlamentar Conjunta do Mercosul*.

CARVALHO, E. P. de. *O sabor da discórdia no Mercosul*. São Paulo, 2003. (Mimeogr.).

CASELLA, P. B. *Mercosul – Exigências e perspectivas*: integração e consolidação do espaço econômico. São Paulo: LTR, 1996.

CERRONI, V. *Teoria do partido político*. São Paulo: Paz e Terra, 1982.

CHACON, V. *História dos partidos brasileiros*. 2.ed. Brasília: Editora da UnB, 1985.

CHECKEL, J. T. The constructivist turn in international relations theory. *World Politics (New York)*, n.50, 1998.

CHESNAIS, F. A globalização e o curso do capitalismo de fim de século. *Economia e Sociedade (Campinas)*, v.5, p.1-30, 1995.

_____. *A mundialização do capital*. São Paulo: Xamã, 1996.

_____. Mundialização do capital, regime de acumulação predominantemente financeira e programa de ruptura com o neoliberalismo. *Revista da Sociedade Brasileira de Economia Política (Rio de Janeiro)*, v.1, n.1, p.7-34, 1997.

_____. Introdução geral. In: _____. (Coord.) *A mundialização financeira*. São Paulo: Xamã, 1998.

COELHO, L. Editorial. *Informativo Mercosul* (Brasília), Instituto Brasil Século XXI, ano 2, n.7, 1998.

COLATTO, W. Entrevista à pesquisadora Karina L. P. Mariano, 1995.

COMISSÃO PARLAMENTAR CONJUNTA. Ata n° 1/95. V Reunião da Comissão Parlamentar Conjunta. Assunção. 2-5.8.1995.

CONSELHO DO MERCADO COMUM. Ata da X Reunião. Buenos Aires e San Luis, 24 a 26.6.1996.

CONSTITUIÇÃO BRASILEIRA DE 1988 (2000).

CORSI, F. *O plano real*: um balanço crítico (1994-1998). Marília: Faculdade de Filosofia e Ciências/UNESP, 2000. (Mimeogr.).

COX, R. W. Social forces, states, and world orders: beyond international relations theory. *Millennium, Journal of International Studies*, n.10, p.126-55.

CRUZ, S. C. V. *Desencontros*. O Brasil e o mundo no limiar dos anos 80. 2000. (Mimeogr.).

DAHL, R. A. *A preface to economic democracy*. Berkeley: University of California Press, 1985.

DECLARAÇÕES DA COMISSÃO PARLAMENTAR CONJUNTA. 1991, 1992, 1993, 1994, 1995, 1996, 1997, 1998, 1999, 2000, 2001, 2002, 2003. Disponíveis em: <www.camara.gov.br/mercosul>.

DEL ROIO, M. T. Globalização e dimensões da crise brasileira. *Cadernos da Faculdade de Filosofia e Ciências (Marília)*, n.11, 1999.

DISPOSIÇÕES DA COMISSÃO PARLAMENTAR CONJUNTA DO MERCOSUL. 1991, 1992, 1993, 1994, 1995, 1996, 1997, 1998, 1999, 2000, 2001, 2002. Disponíveis em: <www.camara.gov.br/mercosul>.

DRUMMOND, M. C. O Mercosul político: a Comissão Parlamentar Conjunta. *Boletim de Integração Latino-Americana (Brasília)*, Ministério de Relações Exteriores, n.8, 1993.

DUHALDE, E. Palavras do presidente Eduardo Duhalde em Brasília após a reunião com o presidente Luiz Inácio Lula da Silva em 14 de janeiro de 2003. Brasília, 2003.

DUVERGER, M. *Os partidos políticos*. Rio de Janeiro: Zahar, 1970.

FERNANDES, M. C., GRAMACHO, W. ACM faz críticas ao Mercosul *Gazeta Mercantil*, São Paulo, 20 jul. 1995.

FIGUEIREDO, A. C., LIMONGI, F. O Congresso e as medidas provisórias: abdicação ou delegação? *Novos Estudos Cebrap*, n.47, p.127-54, 1997.

______. *Executivo e Legislativo na nova ordem constitucional*. São Paulo: Fundação Getúlio Vargas, 1999.

FIORI, J. L. Globalização, hegemonia e império. In: TAVARES, M. da C., FIORI, J. L. *Poder e dinheiro*: uma economia política da globalização. Petrópolis: Vozes, 1998.

FLEISCHER, D. V. *Os partidos políticos no Brasil*. Brasília: Editora da UnB, 1981. v.II.

______. Reforma Política e financiamento de campanhas eleitorais. *Cadernos Adenauer*, v.10, 2000.

FLORÊNCIO, S., ARAÚJO, E. *Mercosur, proyecto, realidad y perspectivas*. Brasília: Vest-Com, 1997.

FONSECA JÚNIOR, G. Anotações sobre as condições do sistema internacional no limiar do século XXI: a distribuição dos pólos de poder e a inserção internacional do Brasil. In: DUPAS, G., VIGEVANI, T. *O Brasil e as novas dimensões da segurança internacional*. São Paulo: Alfa-Omega, Fapesp, 1999.

FORO DE SÃO PAULO. Projeto de declaração final do VII Encontro do Foro de São Paulo. Porto Alegre, 30-31 jul. 1997.

FRANCO, A. A. de M. (1974). *História e teoria dos partidos políticos no Brasil*. São Paulo: Alfa-Omega, 1974.

FRANKEL, B. *Las utopias posindustriales*. Valencia: Ediciones Alfonsos el Magnanim, 1992.

GARCIA JÚNIOR, A. Á. Conflito entre normas do Mercosul e direito interno. *Informativo Mercosul (Brasília)*, Seção Brasileira da Comissão Parlamentar Conjunta/Caixa Econômica Federal, ano 2, n.6, 1997.

GEREFFI, G. Global production system and the third world. In: STALLINGS, B. (Ed.) *Global change, regional responses*: the new international context of development. Cambridge: Cambridge University Press, 1995.

GILPIN, R. *The political economy of international relations*. Princeton: Princeton University Press, 1987.

GAZETA MERCANTIL (GM). Senado argentino imobiliza Menem na negociação do açúcar. Buenos Aires, 4 Set. 1997a. Nacional, p.4.

______. Em nota oficial, Itamaraty manifesta "Séria preocupação". São Paulo, 5 set. 1997b. Nacional, p.4.

______. Menem pode apelar à Corte Suprema. Buenos Aires, 5-7 set. 1997c. Nacional, p.4.

______. Exportadores debatem crise do açúcar – Reunião de brasileiros e argentinos avalia que solução para impasse ainda vai demorar. São Paulo, 17 set. 1997d.

______. Menem reafirma posição contra proteção a açúcar. Buenos Aires, 1997e.

______. Argentina mantém proteção ao açúcar. São Paulo, 27 maio 1997f. Economia, p.5.

______. Brasil dependência. 10 out. 1998.

GAZETA MERCANTIL LATINO-AMERICANA. Disputa pelo açúcar. Belo Horizonte, 19-25 maio 1997a. p.14.

______. Frepaso lidera pesquisa eleitoral. Buenos Aires, 27 set.-2 out. 1997b. p.12.

GONÇALVES, J. B. G. Brasil-Argentina: balanço de um ano de crise. *Valor Econômico*, São Paulo, 2003.

GRIFFITH-JONES, S., STALLINGS, B. New global financial trends: implications for development. In: STALLINGS, B. (Ed.) *Global change, regional responses*: the new international context of development. Cambridge: Cambridge University Press, 1995.

GRUPO MERCADO COMUM. Regimento Interno. In: ALMEIDA, P. R. de. (Coord.). *Mercosul*: textos básicos. Brasília: Fundação Alexandre de Gusmão, Instituto de Pesquisas de Relações Internacionais, 1992.

GUELAR, D. R. *Las familias políticas" del Mercosur*. Buenos Aires, jun. 1997. (Mimeogr.).

HAGGARD, S. *Pathways from periphery*: the politics of growth in the new industrializing countries. Ithaca: Cornell University Press, 1990.

HAGGARD, S., KAUFMAN, R. *The political economy of democratic transition*. Princeton: Princeton University Press, 1995.

HALLIDAY, F. *The making of second cold war*. London: Verso, 1986.

HARVEY, D. *A condição pós-moderna*. São Paulo: Loyola, 1999.

HIRST, M. Contexto e estratégia do programa de integração Argentina-Brasil. *Revista de Economia Política*, v.8, n.3, 1988.

______. *Reflexiones para un analisis político del Mercosur*. Buenos Aires: Flacso, 1991.

HIRST, P., THOMPSON, K. *Globalização em questão*. Petrópolis: Vozes, 1998.

HOBSBAWM, E. *Breve século XX*. São Paulo: Paz e Terra, 1995.

HOFFMANN, J., HOFFMANN, R. Globalização – Riscos e oportunidades para a política trabalhista na Europa. In: VIGEVANI, T., LORENZETTI, J. (Coord.) *Globalização e integração regional*: atitudes sindicais e impactos sociais. São Paulo: Cedec, Fapesp, Escola Sul-CUT, LTr, 1998.

HUNGTINGTON, S. *Authoritarian politics in modern society*. New York: Basic Books, 1970.

HURRELL, A. Questions on Brazilian foreign policy. Seminário no Centro de Estudos de Cultura Contemporânea (Cedec). São Paulo, 10 set. 1999.

______.O ressurgimento do regionalismo na política mundial. *Contexto Internacional*, n.17, v.1, 1995.

KEOHANE, R. Neoliberal Institutionalism: a perspective on world politics. In: ______. *International Institutions and State Power*. Boulder: Westview Press, 1989.

______. Soberania estatal e instituições multilaterais: respostas à interdependência assimétrica. In: MOISÉS, J. Á. (Org.) *O futuro do Brasil*. A América Latina e o fim da guerra fria. São Paulo: Paz e Terra, Política internacional e comparada – USP, 1992.

KEOHANE, R., NYE, J. S. Transgovernmentl relations and international organizations. *World Politics: A quarterly journal of international relations (Princeton)*, v.XXVII, n.1, p.39-62, 1974.

______. Transnational Relations and World Politics: an introducion. In: ______. *Transnational Relations and World Politics*. Harvard: Harvard University Press, 1981.

______. *Power and interdependence*. Boston: Scott, Foresman and Company, 1989.

KINDLEBERGER, C. P. *Power and money*: the economics of international politics and the politics of international economics. New York: Basic Books, 1976.

KING, D. *The new right*. Chicago: The Dorse Press, 1987.

KRASNER, S. D. Cause strutturali e consequenze del concetto di regime. In: BONANATE, L., SANTORO, C. M. (A cura di). *Teoria e analisi delle relazioni internazionalli*. Bologna: Il Mulino, 1986.

______. Transforming international regimes. In: OLSON, W. C. (Ed.) *The theory and practice of international relations*. Englewood Cliffe: Printice Hall, 1991.

LAFER, C. Sentido estratégico do Mercosul. In: AMARAL JÚNIOR, A., *Mercosul*: desafios a vencer. São Paulo: Conselho Brasileiro de Relações Internacionais, 1994.

______. Relações Brasil-Argentina: alcance e significado de uma parceria estratégica. *Contexto Internacional* (*Rio de Janeiro*), v.19, n.2, 1997.

______. Discurso pronunciado em sua posse como ministro de Relações Exteriores brasileiro. Brasília, 29.1.2001.

LAMOUNIER, B., CARDOSO, F. H. *Os partidos e as eleições no Brasil.* Rio de Janeiro: Paz e Terra, 1975.

LAMPREIA, L. F. A política exterior do Brasil. Seminário no IEA/USP (Instituto de Estudos Avançados da Universidade de São Paulo). São Paulo, 4 out. 1999.

LEIS, H. R. As desventuras teórico-críticas do ambientalismo na sociedade globalizada. *Contexto Internacional* (*Rio de Janeiro*), n.2, v.20, 1998.

LIMA JÚNIOR, O. B. A reforma das instituições políticas: a experiência brasileira e o aperfeiçoamento democrático. *Dados* (*Rio de Janeiro*), v.36, n.1, p.89-117, 1993.

______. *Instituições políticas democráticas*: o segredo da legitimidade. Rio de Janeiro: Jorge Zahar, 1997.

LIMONGI, F., FIGUEIREDO, A. C. Partidos políticos na Câmara dos Deputados: 1989-1994. *Dados* (*Rio de Janeiro*), v.38, n.3, p.497-525, 1995.

LOPES, N. O futuro do continente. *Gazeta Mercantil Latino-Americana* (*São Paulo*), ano 1, n.50, p.4, 24-30 mar. 1997.

LULA DA SILVA, L. I. Discurso de posse como presidente da República do Brasil no Congresso Nacional. Brasília, 2003a.

______. Discurso proferido por ocasião da visita de trabalho do presidente argentino Eduardo Duhalde em 14 de janeiro de 2003. Brasília, 2003b.

MACHADO, J. Entrevista à pesquisadora Karina L. P. Mariano, 1999.

MAINWARING, S. Partidos e sistemas eleitorais – O Brasil numa perspectiva comparativa. *Novos Estudos Cebrap*, n.29, 1991.

MARIANO, K. L. P. *Mercosul e sindicatos*: a participação das centrais sindicais no subgrupo 11. São Paulo, 1996. Dissertação (Mestrado em Ciência Política) – Faculdade de Filosofia, Letras e Ciências Humanas, Universidade de São Paulo.

______. A participação das centrais sindicais e da Comissão Parlamentar Conjunta no Mercosul. Campinas, 2001. Tese (Doutorado) – Instituto de Filosofia, História e Ciências, Universidade Estadual de Campinas.

MARIANO, K. L. P., OLIVEIRA, M. F. de. *Mercosul*: a emergência de uma nova sociedade. São Paulo: Cedec, 1999. (Relatório final de pesquisa para o CNPq – 1ª Fase).

MARIANO, M. P. Decisões políticas e institucionalização no Mercosul. *Cadernos Cedec (São Paulo)*, n.32, 1992.

______. *A estrutura institucional do Mercosul*. São Paulo, 1998. Dissertação (Mestrado em Ciência Política) – Faculdade de Filosofia, Letras e Ciências Humanas, Universidade de São Paulo.

______. Estados subnacionais e integração regional: o caso do Estado de São Paulo no Mercosul. Marília, 2000. (Mimeogr.).

MARX, K. *Os pensadores*. São Paulo: Abril Cultural, 1986.

MATHIAS, M. *O Brasil e o Mercosul*: Paradoxos de uma política externa. São Paulo, 1999a. Dissertação (Mestrado) – Pontifícia Universidade Católica de São Paulo.

______. O processo de integração regional. *Novos Rumos (São Paulo)*, ano 14, n.30, p.65-71, 1999b.

MEDEIROS, C. A. de. Globalização e a inserção diferenciada da Ásia e da América Latina. In: TAVARES, M. da C., FIORI, J. L. *Poder e dinheiro*: uma economia política da globalização. Petrópolis: Vozes, 1998.

MENEGUELLO, R. *Partidos e governos no Brasil contemporâneo (de 1985 a 1997)*. São Paulo: Paz e Terra, 1998.

MICHELS, R. *Os partidos políticos*. São Paulo: s. d.

MISES, L. von. *La acción humana*. México: Sarpe, 1986.

MONTORO, F. *Parecer da Comissão de Relações Exteriores do Congresso brasileiro favorável à aprovação do Protocolo de Ouro Preto*. Brasília: Comissão de Relações Exteriores, 1995.

MORACVSIK, A. Preferences and power in the European Community: a liberal intergovemmentalist approach. In: BULMER, S., ANDREW, S. *Economic and political integration in Europe*: internal dynamics and global contest. Oxford: Blackwel, 1994.

______. Taking preferences seriously: a liberal theory of international politics. *International Organization (San Diego)*, v.51, n.4, p.513-54, 1997.

MOUFFE, C. Democracia y nueva derecha. *Revista Mexicana de Sociologia*, 1981.

MÜLLER, A. Entrevista à pesquisadora Karina L. P. Mariano, 20.9.1994.

NARDIN, T. *Lei, moralidade e as relações entre os Estados*. Rio de Janeiro: Forense-Universitária, 1987.

NEUMMAN, A. *Los partidos políticos*. México: Fondo de Cultura, 1963.

NOVAES, C. A. M. Dinâmica institucional e representação. *Novos Estudos Cebrap*, n.38, 1994.

NYE JÚNIOR, J. S. *Bound to Lead*: the changing nature of American power. New York: Basic Books, 1992.

O ESTADO DE S. PAULO. Argentina mantém taxação ao açúcar brasileiro. São Paulo, 5 set. 1997a. Diplomacia, p.A12.

______. Lampreia lamenta decisão de parlamentares. São Paulo, 5 set. 1997b. Diplomacia, p.A10.

______. Câmara ameaça retaliação contra Argentina. São Paulo, 6 set. 1997c. Diplomacia, p.A12.

______. Ministro argentino condena taxação do açúcar. São Paulo, 8 set. 1997d. Diplomacia, p.A6.

______. ACM cobre reação à taxação do açúcar. São Paulo, 9 set. 1997e. Diplomacia, p.A11.

OLIVEIRA, A. J. de. *Elites argentinas e brasileiras*: parâmetros analíticos para o estudo de "sistemas de crenças" nas relações internacionais. São Paulo, 2000. (Mimeogr.).

OLIVEIRA, M. F. de. *Mercosul*: os caminhos para a integração e algumas perspectivas para o futuro. Marília: Departamento de Ciências Políticas e Econômicas, 1997.

______. A teoria intergovernamentalista liberal e o sentido político-social do Mercosul. *Revista de Iniciação Científica da Faculdade de Filosofia e Ciências (Marília)*, v.1, n.1, p.32-47, 1998.

______. A política externa do governo Lula. *Revista Autor (São Paulo)*, 2003. Disponível em: <www.revistaautor.com.br>.

PALACIOS, A. Declarações de ministros deixam dúvidas. *O Estado de S. Paulo*, 20.4.2001.

PARTIDO DOS TRABALHADORES. Carta de Curitiba, I Seminário Nacional do PT sobre o Mercosul. Curitiba, 1993a.

______. Resoluções do I Seminário Nacional do PT sobre o Mercosul. 1993b.

______. Notas sobre o processo de integração do Mercosul. São Paulo, 1995.

______. VII Foro de São Paulo, 1997.

PEÑA, F. Pré-requisitos políticos e econômicos da integração. *Política Externa (São Paulo)*, Paz e Terra, Programa de Política Internacional e Comparada/USP, v.1, n.2, 1992.

______. O relançamento do Mercosul. *Política Externa (São Paulo)*, v.10, n.2, 2001.

PIERNES, G. O novo cenário do Mercosul. *Gazeta Mercantil Latino-Americana (São Paulo)*, ano 2, n.61, p.12, 9-15.6.1997.

PROGRAMA DO PFL, 1998.

PROGRAMA DO PMDB, 1996.

PROGRAMA DO PPB, 1996.

PROGRAMA DO PSDB, 1998.

PROGRAMA DO PT, 1998.

PROGRAMA DO PTB, 1996.

PROTOCOLO DE OURO PRETO, 1994.

PUTNAM, R. Diplomacy and domestics politics – The logic of Two Level Games. In: EVANS, P., JACOBSON, H. K., PUTNAM, R. *Double-Edged Diplomacy*: International Bargaining and Domestics Politics. Los Angeles: University of California Press, 1993.

QUINTAR, A., ARGUMEDO, A. Argentina: os dilemas da democracia restringida. *Lua Nova (São Paulo)*, n.49, 2000.

REGULAMENTO INTERNO DA CÂMARA DOS DEPUTADOS. 2000.

REGULAMENTO INTERNO DA COMISSÃO PARLAMENTAR CONJUNTA DO MERCOSUL. Disponível em: <http://www.mre.gov.br>. Recuperado em: 20.9.1998.

RESOLUÇÕES DA COMISSÃO PARLAMENTAR CONJUNTA DO MERCOSUL. 1991, 1992, 1993, 1994, 1995, 1996, 1997, 1998, 1999, 2000, 2001, 2002, 2003. Disponíveis em: <www.camara.gov.br/mercosul>.

RODRIK, D. Understanding economics policy reform. *Journal of Economic Literature*, v.XXXIV, p.9-41, 1996.

______. *The new global economy and developing countries*: making openness work. John Hopkins University Press, 1999.

ROSENAU, J. N. Governança, ordem e transformação na política mundial. In: ROSENAU, J. N., CZEMPIEL, E.-O. *Governo sem governo*. Ordem e transformação na política mundial. Brasília: UnB, 2000.

SAMUELS, D. Determinantes de voto partidário em sistemas eleitorais centrados no candidato: evidências sobre o Brasil. *Dados*, v.40, n.3, 1997.

SANTOS, B. M. dos. *União Econômica Européia*: formação e aspectos jurídicos. Franca, 1997. (Mimeogr.).

SANTOS, M. H. C. Governabilidade, governança e democracia: criação da capacidade governativa e relações executivo-legislativo no Brasil pós-constituinte. *Dados*, v.40, n.3, p.335-76, 1997.

SARTORI, G. *A teoria da democracia revisitada*. São Paulo: Ática, 1993.

SCHMITTER, P. C. *How to democratize the European Union*: citizenship, representation, decision-making in the emerging euro-polity. Florence: Istituto Universitario Europeo, 1998. (Mimeogr.).

SCHUMPETER, J. A. *Capitalism, socialism and democracy*. London: George Allen and Unwin, 1979.

SCHVARZER, J. Um bloque exitosa en crisis. El Mercosur y un sócio demasiado grande. *Nueva Sociedade (Caracas)*, n.162, 1999.

SEITENFUS, R. Considerações sobre o Mercosul. *Revista IEA-USP*, n.16, 1992.

SILVA, L. A. S. *Organismos multilaterais e polítca de integração financeira no Mercosul*. São Paulo: Fundap, PUC, Cedec, 2000.

SOARES DE LIMA, M. R. Ejes analíticos y conflicto de paradigmas en la política exterior brasileña. *América Latina/Internacional (Buenos Aires)*, Flacso, v.1, n.2, 1994.

______. Instituições democráticas e política exterior. *Contexto Internacional (Rio de Janeiro)*, IRI/PUC, n.2, v.22, 2000.

STARLING, S. Declaração de voto da deputada Sandra Starling sobre o parecer do relator deputado André Franco Montoro sobre o protocolo adicional ao Tratado de Assunção sobre a estrutura institucional do Mercosul. Brasília: Comissão das Relações Exteriores da Câmara dos Deputados: Atas, 1995.

STIGLITZ, J. More instruments and broader goals: moving toward the post-Washington Consensus. *The 1998 Wider Annual Lecture*, 1998. Disponível em: <www.theworldbank.org>.

STUART, A. M. Um balanço político da reunião do Mercosul. *Carta Internacional (São Paulo)* Núcleo de Pesquisa em Relações Internacionais e Política Comparada, 1996.

TACHINARDI, M. H. Deputados questionam os acordos do Mercosul. *Gazeta Mercantil*, São Paulo, 28 jun. 1995a.

______. Brasil, entre os interesses nacionais e os do Mercosul. *Gazeta Mercantil*, São Paulo, 20-22 nov. 1995b.

TAMAMES, R. *Diccionario de economía*. Madrid: Alianza Editorial, 1993.

TAVARES, M. da R., FIORI, J. L• *Poder e dinheiro*: uma economia política da globização. Petrópolis: Vozes, 1998.

TAVARES, M. da C. Receita para o caos: arrogância, incompetência e cinismo. *Praga*, n.7, 1999.

TAVARES, M. da C., MELIN, L. E. Pós-escrito 1997: a reafirmação da hegemonia americana. In: TAVARES, M. da C., FIORI, J. L. *Poder e dinheiro*: uma economia política da globalização. Petrópolis: Vozes, 1998.

TOLEDO, E. G. Neoliberalismo e Estado. In: LAURELL, A. C. (Org.) *Estado e políticas sociais no neoliberalismo*. São Paulo: Cortez, Cedec, 1995.

TORRE, J. C. *La política de las reformas económicas en América Latina.* Santiago: Cepal, 1997.

TRATADO DE ASSUNÇÃO (1991).

VEIGA, J. P. C. *As políticas domésticas e a negociação internacional*: o caso da indústria automobilística no Mercosul. São Paulo, 1999. Tese (Doutorado em Ciência Política) – Faculdade de Filosofia, Letras e Ciências Humanas, Universidade de São Paulo.

VEIGA, P. M. *A evolução do Mercosul no período de transição*: hipóteses, alternativas e cenários. Brasília: Ipea, 1992. (Mimeogr.).

VERNON, R. *The promise of privatization.* New York: Council of Foreign Relations Books, 1988.

VIGEVANI, T. *Mercosul*: impactos para trabalhadores e sindicatos. São Paulo: LTr, Fapesp, Cedec, 1998.

______. *Disciplina em relações internacionais no curso de graduação em Ciências Sociais.* Marília: UNESP, 1999.

VIGEVANI, T., MARIANO, K. L. P. Estratégias e alianças entre os atores sociais. In: CHALOULT, Y., ALMEIDA, P. R. de. *Mercosul, Nafta e Alca*: a dimensão social. São Paulo: LTr, 1999.

VIGEVANI, T., OLIVEIRA, M. F. de. A política externa norte-americana em transição: de Clinton a G. W. Bush. *Política Externa*, n.2, v.10, 2001.

VIGEVANI, T., MARIANO, K. L. P., OLIVEIRA, M. F. de. Democracia e atores políticos no Mercosul. In: LIMA, M. C., MEDEIROS, M. de A. *O Mercosul no limiar do século XXI.* São Paulo: Cortez, Buenos Aires: Clacso, 2000.

VIGEVANI, T. et al. *Globalização e regionalização no Mercosul*: a intervenção dos sindicatos no processo de integração. São Paulo: Cedec, 1998. (Relatório final de pesquisa para a Funag-MRE/Finep).

VILLA, R. D. A segurança global multidimensional. *Lua Nova*, n.46. 1999.

WAGNER, J. C. G. *Partidos políticos no Brasil.* Brasília: Instituto dos Advogados, 1985.

WEBER, M. Parlamentarismo e governo numa Alemanha reconstruída. In: ______. *Ensaios de sociologia.* São Paulo: Abril Cultural, 1974.

______. *Economia y sociedad.* México: Fondo de Cultura, 1996.

WENDT, A. Collective identity, formation and the international state. *American Political Science Review* (*Washington*), v.88, n.2, 1994.

WILLIAMSON, J. *The progess of policy reform in Latin America.* Washington: Institute for International Economics, 1990.

______. Democracy and the Washington Consensus. *World Development*, n.8, v.21, 1993.

SOBRE O LIVRO

Formato: 14 x 21 cm
Mancha: 23 x 43 paicas
Tipologia: Classical Garamond 10/13
Papel: Offset 75 g/m² (miolo)
Cartão Supremo 250 g/m² (capa)
1ª edição: 2003

EQUIPE DE REALIZAÇÃO

Coordenação Geral
Sidnei Simonelli

Produção Gráfica
Anderson Nobara

Edição de Texto
Nelson Luís Barbosa (Assistente Editorial)
Ana Paula Castellani (Preparação de Original)
Carlos Villaruel e
Ada Santos Seles (Revisão)

Editoração Eletrônica
Lourdes Guacira da Silva Simonelli (Supervisão)
Plano Editoração (Diagramação)